BuddhAll

BuddhAll.

All is Buddha.

BuddhAll

如何修持法華經

法華經為究竟、圓滿的諸佛境界與法界實相，

揭示諸佛如來出現於世之因緣，喻為經中之王。

How To Study The Lotus Sutra

洪啟嵩 著

目錄

出版緣起

每一部佛經都是佛陀為了導引眾生離苦得樂、去除妄想、證得覺悟境界而宣說的金言，也是諸佛如來的成佛心要。而每一部佛經也都因應著不同眾生的根器緣起，來指示大眾修證成佛的妙道。

所以佛經成立的主旨，就是希望大家投入佛經之中，以佛經的智慧為智慧，以經中的生活為生活，來實踐「佛經化的生涯」；而佛經不只是閱讀、誦持、聽聞、思惟佛經的境界。〈佛經修持法〉系列即是基於「佛經即生活」、「生活即佛經」的見地，來解說佛教經典中的修行法要，使不同因緣的大眾，可以抉擇與自己有緣的經典，來圓滿成就佛道。

一般人讀誦佛經的時候，常都只是讀誦而已。〈佛經修持法〉系列的出版目的，不僅期望大家清楚的持誦經文的每一個字，更希望將佛經的內容變成實踐實修的法門，可以實際在生活中運用；讓每一部佛經都有次第可以修持，從見地上的建立，到道地上的修證法則，最後證入佛經所描述的圓滿果地。

〈佛經修持法〉就是希望能夠承續古德未完成的志業，從閱讀佛經，來建立佛經的正見，依法修持實踐，整理匯入日常生活當中，成為隨時可以實踐的法門，甚至成為佛經的生涯規劃。

此外，〈佛經修持法〉並非立足於一種觀行的儀軌而已，也就是說，它並不像中國歷代的懺法，如：淨土懺法、或金剛般若懺法，乃至於密乘儀軌的修持法。雖然這樣的懺法儀軌也是一種觀行的次第。但是，這些觀行的次第，恐怕也只是在我們修法的時候，按照觀行的儀軌而去觀想實證而已，並不是我們日常二六時中，可以隨時隨地與我們的生活融合為一的。

〈佛經修持法〉是要使我們生活中的正見即是佛經所現的正見；生活中所有的行事，都是由這正見所指導的正確業行，我們的心意識當中的所有思惟，所有觀行，都和經典相應；乃至於現證到我們所生活的世界，就是整個佛經的世界，而我們的身口意，與宣講經主的身口意都融合為一。

這樣的宣說，基本上是期望大家能把佛經實現在生活之中；亦即我們生活在佛經之中，而佛經活在我們之中。如此現起的世界，也就是經中的清淨世界。這才是真正佛經的修持法，也才是真正的轉經。如果只是讀誦佛經，縱使讀誦幾千幾萬遍的經文，佛經還是佛經，生活是生活，這兩者還是有所分別的。

理想的佛法實現，是直接實現經論的世界，直接使這個世界成為佛經的淨土，一切人都是現前佛菩薩，一切語皆是佛語，一切行皆是佛行，而幻化空花的佛事，就是如幻的莊嚴現前。只要我們有深切的體認，願意精進不懈的實踐，定能達成佛經淨土的世界，而現在就是開始。

如何修持法華經——序

「一稱南無佛，皆共成佛道」，這是《法華經》直接顯示不可思議的方便。《法華經》對大乘佛教而言，是一部很重要的經典，尤其在中國，因為中國佛教的重要宗派——天台宗就是依據此經而開創。

天台宗認為《法華經》是一部最圓滿的經典，因此將《法華經》視為「經中之王」，視為「聖典教」。《法華經》傳到日本以後，對日本的天台宗、乃至日蓮宗等也產生了極大的影響，他們都是以《法華經》作為判教的基準。

《法華經》所講的乃是究竟、圓滿的佛境。整本經典所要宣示的就是諸佛的境界、法界的實相。在經中有所謂「會三歸一」的看法，《法華經》告訴我們：雖然如來在過去曾宣示有聲聞、緣覺、菩薩等三乘階位，但這些都只是一種方便說而已，其實，如來真正想宣說的是究竟一乘，也就是佛乘。而其他的種種說法，都只是方便。認為三乘是方便說、權說的講法就在本經裡面澈底的宣告了。所以，其內容就在「開權顯實」，也就是開啟了權巧方便的緣起實相，顯現如來真正要宣說的法性實相。

另外，《法華經》在將這些實相宣說之後要我們瞭解：釋迦牟尼在菩提樹下示現成佛、乃至轉動法輪教化眾生、到最後的入涅槃等等，即所謂的「八相成道」，都只是一種示現而已。就究竟的佛乘而言，並沒有所謂的「成道」、「轉法輪」，甚至「涅槃」，這些都只是一種垂跡。

所以，在《法華經》裡面要顯示的不是在印度出生成佛的釋迦牟尼佛，而是揭示出「久遠實成」的本師釋迦牟尼佛。因此「會三歸一」、「開權顯實」、「開跡顯本」乃是貫穿《法華經》的根本看法，也就是法華經的見地、正見。

在《法華經》中也顯示了一切偉大菩薩的示現，這些示現可說是《法華經》的妙行，而「法華妙行」到最後匯歸於普賢菩薩。這些「法華妙行」也是我們法華行者所應該去實踐的。

在本經中也真實地顯現了如來的果地，宣說了如來的壽量、如來的神力、如來的體性，顯現法界的實相。同時，也宣示了我們修持上不可思議的方便：「一稱南無佛，皆共成佛道」，這是在修行上面所展示的不可思議甚深方便，對於我們直修菩薩行的人顯示了不可思議的方便；而對於聲聞行者，透過迴小向大，授予他們成佛的機會，這是很不可思議的。

在整個甚深的行持上面，顯示了一切菩薩的妙行，像常不輕菩薩、觀世音菩薩、從地涌出菩薩等等，這些菩薩的妙行是法華行的根本典範。

而且此經中顯現了多寶佛塔，多寶佛印證了《法華經》，同時也印證、顯示了常住的如來實相。如來的壽量及如來的神力，這些如來的果地也正是我們要去實踐的。

《法華經》中說：佛陀的出現乃為一大事因緣，這一大事因緣就像日月遊行於天空一樣，是與有因有緣的眾生相應，是為使眾生「開示悟入」佛陀的知見，幫助眾生成佛，而出現於世間，示現廣大不可思議的方便、因緣。

我們必須從經文裡面仔細地思惟、觀察，將之慢慢地匯歸成我們生命中不可動搖的正見；從這不可動搖的正見當中，生起深密深意，依此見地而修持，從這樣的修持中安住、鞏固，而以法華行者自居，隨時隨地一切所行匯歸於法華行，最後安住於《法華經》中久遠實成的甚深果位。

「如何修持法華經」將《法華經》做一次全面的解讀，希望導引讀者更易進入這部優美的經典。希望大家能共同修持《法華經》，使《法華經》成為生活修持、實踐的內容，在《法華經》不可思議的方便中，共同成就佛道，圓滿法華妙行。

第1章 認識法華經

關於法華經

《法華經》在中國是一部很重要的經典，傳統上有經中之王的稱謂，天台宗是以《法華經》為最根本的經典。在中國被稱為經王的有兩部經，另一是《華嚴經》，這兩部經典在中國的佛教史上，都佔有很重要的地位，它的影響也遍佈到中國的每一個部分。

但是到近代，《法華經》的影響有減低的狀況，最主要是整個中國的佛教界，從宋、元、明、清之後三教合一，由於禪淨雙修的理念開始大量流行後，整個修持系統就走向簡化的方向。在經典方面，義理上也不大重視了。

《妙法蓮華經》梵名Saddharma-puṇḍarika sutra，簡稱為《法華經》。

「妙法」，妙是微妙不可思議，至微至妙至究竟，如是如是，所以說是微妙。「蓮」代表本，代表體。「華」代表開，是顯。有蓮而後有華，華開以顯蓮之相，所以華開華落是蓮的體性如是。「蓮」代表本，是代表一切眾生的如實體性，也是代表釋迦牟尼佛的「久遠實成」。每一個人從花中悟蓮，從相上悟體，就能夠究竟了悟久遠實成釋迦牟尼佛的體性，也能夠了悟新佛與舊佛的因緣。

什麼是「新佛與舊佛的因緣」？舊佛是指多寶如來，新佛是指釋迦牟尼佛，二佛並坐於多寶塔中。「二佛並坐」是比喻什麼？是子母光明，也就是恆常的體性。所以說「了知諸法常無性，佛種從緣起，是故說一乘」，常無性故顯華，顯華就是緣起；雖然顯華，但一切眾生從來不離蓮實、蓮本，從來不遠離諸佛體性。有一大事因緣的緣故顯佛出世，「法常無性」所以佛出世不出世都是隨應因緣而出，其究竟密意就是如是。

漢譯《妙法蓮華經》有六種，現存於藏經的有三種，一本是竺法護翻譯的《正法華經》，此版本最為詳密；一本是鳩摩羅什翻譯的《妙法蓮華經》，這是一般常用的流通本，此版本最為簡約，而流傳也最廣。第三個版本是闍那崛多與達磨笈多翻譯的《添品妙法蓮華經》這三本和印度原本大略是相同的。

在中國的譯經史上經常有一個現象，就是經典本身不斷被重譯，這個是稱為「同本自譯」。同本自譯的經典，像《金剛經》現在大概有五、六種譯本；像《般若心經》到現在為止有十種譯本。這同本異譯基本上它的範本是來自相同的一本，但是有些範本，甚至它的版本上面寫的原來是一樣的，但是在古印度，由於篆刻的不同，所以有些多一點、或少一點。

所以，同本異譯在翻譯上所造成的不同，基本上是來自兩種層次，一種是範本本身的稍微出入，一種是中文翻譯者本身的出入。這種出入常常表現在結構上，有些是翻譯的出入。最有名的出入是「觀世音菩薩」的翻譯，鳩摩羅什翻譯的是「觀世音」，玄奘所翻譯的是「觀自在」。玄奘大師曾經為文批判鳩摩羅什翻譯錯誤，認為應該是「觀自在」，而不是「觀世音」。但是這個問題就近代的研究來講，鳩摩羅什並沒有翻譯錯誤的問題。

為什麼呢？因為在現代考古學上的發現《法華經》在不同的地方有不同的版本，最主要的有：中央亞細亞本、尼泊爾附近的版本，還有印度本身的範本。玄奘所依據的是他從印度取回的版本，鳩摩羅什根據的是中央亞細亞本，這兩本剛好在這個音節上有差別，所以鳩摩羅什他所依據的是「觀世音菩薩」，玄奘所翻譯的是「觀自在」。這兩者，並不見得是鳩摩羅什翻譯的錯誤，而是他們所依據的原本不同。所以對於經典的版本差異性，要有所了知。

所以，讀經的時候，如果經文實在看不懂，又沒有能力讀梵文原本時，像讀《法華經》有此問題出現時，我們可以參閱三個不同的版本，把三種《法華經》比對在一起，同樣的語氣、同樣的文句，上下比對，大概就可以猜出它的意思，不會相差太多。

◆法華經的傳譯

在歷代所翻譯的法華經典中，以姚秦．弘始八年（406）鳩摩羅什所譯的《妙法蓮華經》最為流行，略稱為《法華經》。

而在鳩摩羅什之前一二〇年，即西晉．太康七年（286），就有竺法護譯出《正法華經》十卷二十七品。鳩摩羅什譯後一九五年，即隋．仁壽元年（601），又有闍那崛多、達摩笈多重勘梵本，補訂鳩摩羅什的翻譯，名為《添品妙法蓮華經》，七卷二十七品。以上三個譯本，是現存的最完整的全譯本。據《開元釋教錄》卷十一、卷十四的記載，還有《法華三昧經》六卷、《薩芸芬陀利經》六卷、《方等法華經》五卷等三譯闕本。但是根據現代學者的考證，似屬誤傳，實際只有今存的三種譯本。

歷代以來所廣泛流傳、講解註疏，都是根據鳩摩羅什的譯本。羅什譯本原是七卷二十七品，且其〈普門品〉中並無重誦偈。但後人將南齊．法獻共達摩提所譯的《妙法蓮華經》〈提婆達多品〉第十二和北周．闍那崛多譯的《普門品偈》收入鳩羅摩什譯本，構成七卷二十八品。其後又將玄奘翻譯的〈藥王菩薩咒〉編入，而成了現行流通本的內容。

由於流傳的因緣殊勝，也出現了此經的偽作。早在隋代的《眾經目錄》中就有《妙法蓮華經度量天地品》等三種偽經，《敦煌寫經》、《續道藏經》和日本《續藏經》中也都收有附會此經的偽作。

此經註疏很多，現存主要的有：劉宋．道生《略疏》二卷；梁．法雲《義記》八卷；隋．智顗《玄義》二十卷、《文句》二十卷，吉藏《玄論》十卷、《義疏》十二卷；唐．窺基《玄贊》十卷，湛然《玄義釋籤》二十卷、《文句記》三十卷；宋．法照《三大部續教記》二十卷，慧洪、張商英《合論》七卷；元．徐行善《科註》八卷；明．一如《科註》七卷，傳燈《玄義輯略》一卷，德清《通義》七卷，智旭《繪貫》一卷、《會義》十六卷；清．通理《指掌疏》七卷。新羅．元曉《宗要》一卷。日本．聖德《義疏》四卷，最澄《大意》一卷，日蓮《註》十卷等。

◆法華經的流布

《法華經》流布極廣，在中國佛教思想中，我們可從僧傳義解篇中，看出研究之廣。而「天台宗」更以之為「純圓獨妙」，將《法華經》作為該宗的根本經典。所以中國民眾普遍將《法華經》、《華嚴經》二本經典視為「經王」，可見其傳持之盛了。

本經不只深深的影響中國，而出現了「教、觀雙美」的「天台宗」，更東傳到日本，開啟了日本的天台信仰。日蓮上人更依之創立了最具有日本民族特色的「日蓮宗」，成立了以唱誦「南無妙法蓮華經」即可成佛，即所謂的「唱題成佛」的新宗派。現在日本的新興宗派，可說大多脫胎於「日蓮宗」。

《法華經》的流布之廣、研究之眾、註釋之多與信仰之盛及文化影響之大，實在是令人驚異的。《法華經》能形成如此大的影響力，絕非偶然。

《法華經》起源很早，流傳特盛。在《大般涅槃》、《優婆塞戒》等經中都提到這部經的經名，《大智度論》等曾引用其文，世親也為之撰寫了《優婆提舍》（論議，親傳，口訣。有二種漢譯本）。在古印度、尼泊爾等地曾長時期廣泛地流行。迄今已發現了分布在克什米爾、尼泊爾和中國新疆、西藏等地梵文寫本四十餘種，克、疆兩地是五至九世紀的，但其數量少而殘缺不全；尼、藏兩地是十一至十九世紀的，其數量和完整程度都較前者為佳。

國際上有相當多的學者對這些梵文寫本從佛學、語言學和東西方文化交流史等方面進行研究和探索。一九八三年，北京民族文化宮圖書館曾用珂羅版彩色複製出版了原由尼泊爾傳人珍藏於中國西藏薩迦寺的一〇八二年所書的此經梵文貝葉寫本。全經共一三七頁、二七四面，內容完整無缺，字體清晰優美，很受專家學者的重視。

此經曾由日帝覺和智軍譯成藏文。一九二四年河口慧海把它同梵本對照日譯，出版了《藏梵傳譯法華經》。十九世紀以來，此經先後譯成法文和英文，又有梵漢對照、梵文和譯、改訂梵本及原文等的出版。

此經自羅什的漢譯本問世後，隨即於漢地盛傳開來。在《高僧傳》所列舉的講經、誦經者中，以講誦此經的人數最多，於敦煌寫經裡也是此經所占的比重最大，僅南北朝時期，註疏此經的就多達七十餘家，陳、隋之際智顗依據此經立說而創天台宗。隋、唐以後，乃至明、清，一直流傳不衰。譯本傳入朝鮮、日本後，流傳也盛。尤其在日本，六世紀就有聖德太子撰寫此經《義疏》。九世紀傳教大師續開台宗，特別提倡此經。十三世紀，日本的日蓮上人專奉此經與經題，建立日蓮宗，現代新興的創價學會、建立正佼成會和妙智會等教團，都是專奉此經與經題為宗旨。

法華三部經

古來以《無量義經》為《法華經》的開經，《觀普賢菩薩行法經》為結經，這三部經典併稱為「法華三部經」。

《無量義經》（原梵名Amitartha-sutra）有前後兩種譯本：

(一)劉宋求那跋陀羅（德賢）所譯一卷。

(二)蕭齊建元三年（西元四八一年）曇摩伽陀耶舍（法生稱）所譯一卷。

前譯現經已不流傳，僅流傳有後譯及同時代劉虬居士的序。

經名的由來，是同經內多處，佛陀自己稱此經為《大乘無量義經》，而同時也是由於此經的主旨是眾生「性欲無量故，說法無量；說法無量，義亦無量；無量義者從一法生，其一法者即無相也。」故得此名。

有關本經在〈說法品〉之初說：「如來不久當般涅槃」，又說：「如來得道以來四十餘年」故表示出是佛陀成道後四十餘年的晚年的說法，若再綜合《法華經》〈序品〉所說：「說大乘經，名無量義教菩薩法佛所護念。說此經已，即於大眾中結跏趺坐，入無量義處三昧，身心不動。」則可推定是在宣說《法華經》不久之前。因此，若《法華經》是最後八年所說的法，則本經應是八年中最初的說法。

《無量義經》是佛陀宣說《法華經》之前所說的法，〈說法品〉裡記載：「種種說法以方便力，四十餘年未曾顯實，是故眾生得道差別，不得疾成無上菩提。」說明《無量義經》認為往昔的說法為方便說，本經以後的說法，也就是《法華經》的說法為真實說。

所以《無量義經》是由《法華經》以前的方便經（權經）一轉為法華真實經（實經）的先序，也就是佔著開權顯實的樞紐地位，尤其是制定法華以前和法華的權實的根據，所以在教判上佔著重要位置。

開權顯示實相的真實，其實都在我們的心中。現在直接透過《無量義經》開啟我們自心的心門。

《妙法蓮華經》則是我們清淨的自心，以《無量義經》開啟我們自心的妙法蓮華，安住於《妙法蓮華經》，成就法華三昧中。

《法華經》二十八品廣開演大乘教義。其主要思想是空無相的空性說和《般若》相攝，究竟處的歸宿目標與《涅槃》溝通，指歸淨土、宣揚濟世以及陀羅尼咒密護等，可謂集大乘思想之大成。其突出重點在於會三乘方便，入一乘真實。

《法華經》在中國佛教十分的流行，研究及實踐其修法者十分的多。大乘佛法興起之後，佛教中有了三乘的思想。以聲聞、緣覺為「二乘」或「小乘」，以菩薩為「大乘」，而《法華經》提出了「開權顯實」、「會三歸一」的思想，來融會三乘為一乘。並以「聲聞」、「緣覺」二乘為方便說，「二乘」亦終究要成佛，開啟了「迴小向大」的門徑。

《觀普賢菩薩行法經》為劉宋．曇摩密多翻譯。又稱為《出深功德經》，略稱《觀普賢經》、《普賢觀經》、《普賢經》、《觀經》。內容敘述佛陀於毗舍離國大林精舍重閣講堂中，宣說自己將於三個月後入般涅槃，當時阿難、迦葉、彌勒等人乃請問佛陀滅後之修行及大乘之法要，佛陀因此為說普賢觀門、懺悔六根罪法，及懺悔後的功德。

自古以來，《觀普賢菩薩行經》被視為與《法華經》〈普賢勸發品〉互為表裏，而此經則被稱為法華的結經。

解讀法華經

第2章

由於《妙法蓮華經》的經文很長，因此本章以解讀二十八品的方式來引領讀者入於《法華經》的世界，並解說經中的修行法要。各品的大要如下：

〈序品〉敘述佛陀在耆闍崛山宣說《無量義經》後，即入於三昧示現瑞相，表示將說《法華經》的緣起。

〈方便品〉說明世尊出世為眾生開示悟入佛之知見，並宣說佛法唯有一乘，說二（乘）或說三（乘）都只是方便而已，並非究竟之法。

〈譬喻品〉說明舍利弗於佛陀前受記，佛陀為之宣說火宅喻與大車喻，並說明三乘方便、一乘真實的意旨。

〈信解品〉說明須菩提、摩訶迦葉等聽聞佛陀說法，歡喜踴躍，即以長者窮子譬喻，體現領會佛意，深信理解。

〈藥草喻品〉敘述佛陀說三草二木的譬喻，來說明眾生的根機有別，隨其所堪能而為說法。

〈授記品〉說明佛陀為摩訶迦葉等四大聲聞授記。

〈化城喻品〉敘述佛陀說化城喻小法，以示方便，引入佛慧。

〈五百弟子受記品〉敘述富樓那、憍陳如和五百阿羅漢全部都受當來成佛的記別。

〈授學無學人記品〉敘述阿難、羅睺羅和學、無學二千人皆得受記。

〈法師品〉說明佛陀告訴藥王菩薩關於聽聞隨喜、受持解說《法華經》的種種功德。

〈見寶塔品〉說明多寶佛塔從地涌出，讚嘆釋迦如來宣說《法華經》。

〈提婆達多品〉說明提婆達多蒙受佛陀的授記，文殊菩薩宣揚《法華經》及龍女獻珠成佛的事蹟。

〈勸持品〉說明藥王、大樂說等菩薩大眾以及已受記的羅漢眾等都發願奉持、廣說《法華經》，摩訶波闍波提及耶輸陀羅全部都蒙授記。

〈安樂行品〉說明佛陀告訴文殊，欲說《法華經》，應當安住於四法，即身、口、意、誓願四種安樂行。

〈從地踊出品〉敘述眾多菩薩和眷屬從地踊出，向多寶、釋迦如來禮拜；佛陀告訴彌勒菩薩，這些菩薩都是佛陀於娑婆世界所教化而發心者。

〈如來壽量品〉說明久遠劫來早已成佛，但為教化眾生故，所以示現滅度。

〈分別功德品〉說明當時與會大眾聞法受益，後世受持讀誦、書寫、講說《法華經》，亦皆獲得無量功德。

〈隨喜功德品〉說明佛陀告訴彌勒菩薩隨喜聽受《法華經》的種種功德。

〈法師功德品〉敘述佛陀告訴常精進菩薩關於受持、讀誦等五種法師功德。

〈常不輕菩薩品〉說明佛陀告訴得大勢菩薩有關常不輕菩薩往昔因中的常不輕行和受持、解說《法華經》的故事。

〈如來神力品〉敘述佛陀於大眾之前示現其神力，囑咐於如來滅後，應對《法華經》一心受持、讀誦、解說、書寫和如說修行。

〈囑累品〉說明佛陀以右手摩大眾頭頂，囑咐受持和廣為宣說《法華經》。

〈藥王菩薩本事品〉說明佛陀告訴宿王華菩薩關於藥王菩薩往昔聞法供養日月淨明德佛的本事，並說受持《法華經》〈藥王菩薩本事品〉的功德，以及命終後往生安樂。

〈妙音菩薩品〉說明佛陀告訴華德菩薩，關於妙音菩薩過去供養雲雷音王佛的因果和處處現身宣說此經典的本事。

〈觀世音菩薩普門品〉說明佛陀為無盡意菩薩解說觀世音的名號因緣、稱名作用和三十三應身普門示現等功德。

〈陀羅尼品〉說明藥王、勇施菩薩等各自宣說真言擁護受持、講說《法華經》者。

〈妙莊嚴王本事品〉敘述佛陀宣說妙莊嚴王於往昔為其二子所教化的本生事蹟。

〈普賢菩薩勸發品〉敘述普賢菩薩請問佛陀：「如來滅後，云何能得《法華經》？佛陀告訴普賢菩薩成就為佛護念、殖眾德本、入正定聚、發救眾生之心等四法，當得《法華經》。而普賢菩薩則向佛陀說：「凡持此經者，必得守護。」

以上是二十八品的簡介，接著以每一單品解讀。

〈序品〉解讀

〈序品〉為經典的總序，敘述佛陀在耆闍崛山宣說《無量義經》後，即入於三昧示現瑞相，表示將說《法華經》的緣起。

參與法會的大眾

如是我聞，一時佛住王舍城耆闍崛山中，與大比丘眾萬二千人俱，皆是阿羅漢，諸漏已盡無復煩惱，逮得己利盡諸有結，心得自在，其名曰：阿若憍陳如、摩訶迦葉、優樓頻螺迦葉、迦耶迦葉、那提迦葉、舍利弗、大目揵連、摩訶迦旃延、阿㝹樓馱、劫賓那、憍梵波提、離婆多、畢陵伽婆蹉、薄拘羅、摩訶拘絺羅、難陀、孫陀羅難陀、富樓那彌多羅尼子、須菩提、阿難、羅睺羅，如是眾所知識大阿羅漢等。復有學、無學二千人，摩訶波闍波提比丘尼與眷屬六千人俱，羅睺羅母耶輸陀羅比丘尼亦與眷屬俱。

菩薩摩訶薩八萬人，皆於阿耨多羅三藐三菩提不退轉，皆得陀羅尼樂說辯才，轉不退轉法輪，供養數百千諸佛，於諸佛所殖眾德本，常為諸佛之所稱歎，以慈修身善入佛慧，通達大智到於彼岸，名稱普聞無量世界，能度無數百千眾生。其名曰：文殊師利菩薩、觀世音菩薩、得大勢菩薩、常精進菩薩、不休息菩薩、寶掌菩薩、藥王菩薩、勇施菩薩、寶月菩薩、月光菩薩、滿月菩薩、大力菩薩、無量力菩薩、越三界菩薩、跋陀婆羅菩薩、彌勒菩薩、寶積菩薩、導師菩薩，如是等菩薩摩訶薩八萬人俱。

經典的說法處是在王舍城耆闍崛山，也就是靈鷲山。一開始描述與會的大眾，其中有無學參與其中，無學是指阿羅漢。一般我們會覺得阿羅漢的功德比不上菩薩，經文中出現的順序應該先是菩薩，然後才是阿羅漢，在本經文中為何會先出現阿羅漢呢？這是替後續經文埋下伏筆。

阿羅漢的境界是：「**諸漏已盡無復煩惱，逮得己利盡諸有結，心得自在。**」而菩薩的境界是：「**皆於阿耨多羅三藐三菩提不退轉，皆得陀羅尼樂說辯才，轉不退轉法輪，供養無數百千諸佛，於諸佛所殖眾德本，常為諸佛之所稱歎，以慈修身善入佛慧，通達大智到於彼岸，名稱普聞無量世界，能度無數百千眾生。**」我們可以發覺菩薩與阿羅漢傾向完全不一樣。

阿羅漢是無學、無有煩惱，所以他已經「無」了，基本上他們的生命已經進入涅槃的境界，在這一期的生死完了之後，就不受後有了。「不受後有」是不再受生的意思，進入涅槃的境界。

「漏」是煩惱，「諸漏已盡」是所有的煩惱已經了盡，不再有煩惱了，已經得到自己的最大的利益，所以「逮得己利」。

「盡諸有結」，「結」是疑惑、煩惱。所以阿羅漢的種種煩惱都斷除了，執著也已經斷除了。其實煩惱的結是一種心結，人們身體的所有疾病、所有的不好，都因為這「結」。

我們觀察結與疾病的關係。心結是由於心的執著而產生，執著會產生緊張，心結會產生緊張，這種心結、執著、煩惱的背後，是屬於精神層面、意識層的問題，但卻馬上會影響內分泌、呼吸，所以心結會讓我們的呼吸產生「結」：當我們的心一不自在、有煩惱，我們的呼吸就會不順暢，呼吸一不順暢，就產生身體的結。身體的結是什麼呢？就是內分泌；我們的呼吸一不順暢、緊張，內分泌即不調合；不調合時，又產生另外的內分泌來處理，結果身體產生多餘的東西，當這多餘的東西愈集結愈多時，身體會產生化學變化，產生像痰這類不好的東西；這些東西開始在血管、淋巴腺產生變化，產生酸性毒素、肌肉緊張，因此身體的結就讓我們生病了。

所以要根治身體的病，最快的方式就是治心病，心起煩惱的時候就放下。

當我們的心不舒暢、起煩惱時，這些東西就開始成為病根，原本順暢的呼吸，變得不大順暢，如果是修行人就更加明顯，因為呼吸的深度變淺了。

接著是影響內分泌，連口水也開始黏稠度增加，比較黏，內分泌產生問題，然後又影響肌肉，最後整個身體都受影響。

真正要解決生理的問題，還是從心開始。所以要徹底解決整個生命問題，一定要破除煩惱。

「有學」、「無學」是聲聞四果，四果阿羅漢是無學，有學是前三果（初果、二果、三果），前三果必須不斷進階，所以是有學。

摩訶波闍波提為世尊的姨母，耶輸陀羅為釋尊出家前的妻子，他們也都參與盛會。

再來是八萬不退轉於無上正等正覺的大菩薩，他們全部都得到陀羅尼，「陀羅尼」：這陀羅尼不是指咒語，是總持不忘。而且他們樂說辯才無礙，他們辯才無礙，對佛法的解說、述說都很清晰。這些菩薩們都得到陀羅尼，樂說辯才，轉不退轉法輪，而且他們供養無量百千諸佛。

菩薩基本上是要上下雙迴向，一個是迴向於佛，一個是迴向眾生，他是佛與眾生中間的一個橋樑、一位使者。所以菩薩上學佛法來轉化給無量眾生。《楞嚴經》中觀世音菩薩所證得的是：上與十方諸佛，同一慈力；下與一切眾生，同一悲仰。

菩薩對佛陀的絕對信心，是愈接近佛陀的境界就對佛陀更有信心，愈接近佛陀的境界就更有力量來度化一切眾生，上下之間的力量匯聚在菩薩身上，所以菩薩其實是佛法的一個很主要的重點，尤其是大乘佛教最主要的重點。

菩薩在佛陀的處所，種殖眾德本，常為一切佛陀所稱讚，以慈來修身，善於進入佛陀的智慧，通達大智到於解脫的彼岸，名稱普聞無量世界，能度化無數百千眾生。

經典中的與會大眾，是出家的比丘眾、阿羅漢，有學、無學、菩薩眾、護法眾，釋提桓因與其眷屬，釋提桓因是指帝釋天。

當時佛陀身邊有比丘、比丘尼、優婆塞（居士）、優婆夷（女居士）四眾圍繞，恭敬供養尊重讚歎。佛陀為所有的菩薩宣說大乘經典，這部經典名為無量義教菩薩法佛所護念。「無量義教菩薩法佛所護念」即是指《無量義經》。

◆佛陀入於三昧宣說經典

一切經典的宣說都是依於某種特殊的因緣，所以佛陀講這部經典時，他必須把身心置於某種三昧之中，然後才宣說這部經典；但並不是說佛陀需要進入這種三昧才能講這部經，主要是為了這部經的圓滿而如此示現。

佛陀具足圓滿的身心，他的心隨時可以往每一個地方來運作，但是他現在先把頻率定規好在那邊，所以這三昧就好像他在定位特別的頻率。現在他要講《法華經》之前，他就定位在無量義處三昧。

這也帶給我們很多的啟發，當我們在做很多事前，我們可以試著將身心調整至那種狀態再動手處理，你會發覺事情的進行順利多了。

佛陀安止於「無量義處三昧」：這三昧的方法是了悟過去、現在、未來體性空寂，生起悲心，去了悟一切法相如是，對於生、住、異、滅佛法的各種觀察，體悟到念念不住，到當下就具足生、住、異、滅了悟一切無量義，無量義為一法所生，一法即無相。無相不相、不相無相名為實相。以大慈悲拔除眾苦給予快樂，這是以智慧為主體、悲心為妙用的三昧。

佛陀示現瑞相

佛陀宣講《法華經》之前，他先進入無量義處三昧，他的身心不動，這時候產生種種不可思議的神變。摩訶曼陀羅華、曼殊沙華、摩訶曼殊沙華這些花都是蓮花，全部都散到佛陀及大眾的身上，整個世界產生六種震動。當佛陀發大心的時候會產生六種震動。曼陀羅華是白色蓮花，也就是《法華經》所講的妙法蓮花。

這時候會中的比丘、比丘尼、優婆塞、優婆夷，這是佛教四眾，天龍、夜叉、乾闥婆、阿修羅、迦樓羅、緊那羅、摩睺羅伽、人非人，及諸小王、轉輪聖王，這些大眾得到未曾經歷的歡喜，從來沒有過這樣的境界，大家歡喜合掌一心觀佛。

這時候佛陀放射出眉間白毫相光，白毫相是佛陀的三十二相好之一，是指眉間一根白毛。

以白毫相光照耀東方萬八千世界，無不周全遍滿，下至阿鼻地獄，上至阿迦尼吒天。「阿鼻地獄」是無間地獄，這地獄空間無間、時間無間，整個空間都是自己，時間連續沒有間斷，而且受苦無間，整個空間都是自己不斷地受苦。

「阿迦尼吒天」是指色究竟天。

由此我們可以發覺：不管是《無量義經》或是《法華經》，其實兩者的內容都同樣是立足於無量義上面的。《法華經》是在《無量義經》之後的經典，所以正是佛心深處，在至深至圓滿的三昧裡面所要宣示的究竟因。

什麼是無量義處三昧？就是開發如來本心。佛陀處此三昧就是要顯現他最後真實的心理，他要乘興而說，他用無量義三昧、《無量義經》來統攝一切菩薩、一切的眾生，使大家來趨入真正的一實乘，換句話說佛陀以這樣的一個境界來加持一切眾生，護持一切眾生。

於此世界，盡見彼土六趣眾生，又見彼土現在諸佛，及聞諸佛所說經法；并見彼諸比丘、比丘尼、優婆塞、優婆夷諸修行得道者。復見諸菩薩摩訶薩種種因緣、種種信解、種種相貌行菩薩道。復見諸佛般涅槃者，復見諸佛涅槃後，以佛陀舍利起七寶塔。

這是佛陀現起大神通。

「舍利」一般是指大葬後所遺存的粒狀骨。關於舍利的種類有很多種分類：有全身舍利與碎身舍利，另外還有生身舍利與法身舍利。佛陀的遺骨稱為生身（身骨）舍利，而佛陀所遺留的教法稱為法身舍利，是指當佛陀滅度後，佛陀的教法永住於世，可為眾生依止。另外還有骨舍利、髮舍利、肉舍利三種，骨舍利為白色，髮舍利為黑色，肉舍利為赤色。

而安置佛陀舍利的寶塔稱為舍利塔，或舍利浮圖。

示現瑞相的因由

爾時，彌勒菩薩作是念：「今者世尊現神變相，以何因緣而有此瑞？今佛世尊入于三昧，是不可思議現希有事，當以問誰，誰能答者？」

復作此念：「是文殊師利法王之子，已曾親近供養過去無量諸佛，必應見此希有之相，我今當問。」

爾時比丘、比丘尼、優婆塞、優婆夷及諸天、龍、鬼、神等，咸作此念：「是佛光明神通之相，今當問誰？」

爾時彌勒菩薩欲自決疑，又觀四眾比丘、比丘尼、優婆塞、優婆夷及諸天、龍、鬼、神等眾會之心，而問文殊師利言：「以何因緣而有此瑞神通之相，放大光明，照于東方萬八千土，悉見彼佛國界莊嚴？」

彌勒菩薩已經得到十地，是最後生的菩薩，為什麼他還有疑問呢？他不可能不瞭解這樣的殊勝究竟境界。這是彌勒菩薩的一種示現、一場大遊戲，彌勒菩薩代大家問路。

要提問一個恰當的問題不是容易的。很多問題都是透過另外一個功力同等的菩薩來提問。不要說：「咦！彌勒菩薩怎麼會不懂這個問題呢？」不是如此，彌勒菩薩以一個因位菩薩的總代表來代大眾請問，他看起來好像都不懂似的。實際上他因為悲憫眾生的緣故，而代大眾請問。所以，我們要學習彌勒菩薩，不要認為這個問題我都懂了，何必提問呢？有些人根本不知道該問什麼問題，因為他根本不了解什麼狀況，所以一些有經驗的就要代為請問，當他們的疑問還沒有開始時就幫他們解答了，這個才是最高的教育。

佛陀為什麼示現這瑞相呢？佛陀不會無緣無故示現這些瑞相，佛陀做任何事情，不是做給自己高興的，都是有緣起的。為什麼佛陀入於三昧，而示現不可思議的現象呢？

這問題誰才能夠做回答？當然是智慧第一的文殊師利菩薩，因為文殊師利菩薩發心久遠，他是過去佛、現在佛、也是未來佛，他是三世佛。

文殊師利菩薩當作果位菩薩的總代表，有因有果，這就顯現出因果的恆常性。這樣的瑞相是代表悲與慈心（彌勒）為中心的眾生，想對智慧圓滿的菩薩（文殊）來請教，也是代表我們所有發起大悲心的大乘眾生，到最後要用智慧來融攝我們的慈悲，要與智慧融和，慈悲與智慧全部圓滿。這是經典當中所顯示出的境界，文殊菩薩沒有辜負彌勒菩薩的問題，為大家講說佛陀境界的種種因緣。

彌勒菩薩以偈頌問文殊菩薩。在佛經中常常是出現一段經文後再以詩句的方式將其內容重述，如此比較容易背誦。《法華經》中的偈頌比較特殊，其內容比前面的經文還多，更為詳盡。

彌勒菩薩問文殊菩薩，為什麼導師的眉間要放光呢？為什麼有這些天花？為什麼要有這些香讓大家欣然產生愉悅？因為放光、雨天花的因緣，嚴淨了整個大地，這個世界產生六種震動。這時候四部眾：比丘、比丘尼、優婆塞、優婆夷，就是出家的二眾跟在家二眾，大家都很歡喜，整個身心很舒服，得到未曾有的喜悅。

佛陀的眉間先照耀東方萬八千的佛土，使他們都像金色一樣，從底層的阿鼻地獄，到最高的色究竟天，所有世界六道眾生的生死所趣、善惡的因緣、受報的好醜，在這裡都能看見。

又看到所有的佛陀，「聖主師子」是佛陀的尊號，他演說這部經典，他發出柔軟音聲來教導這些菩薩、無量的菩薩。他用無量的種種因緣、無量的譬喻，來講說佛法，使所有眾生得到開悟。

假若遭受苦難，厭離生老病死的話，就講說如何達到涅槃的境界，使所有痛苦消失。如果有人具有福德，曾經供養一切的佛陀，希望尋求更高的勝法，就為他宣說緣覺道。如果有佛子修習種種行持，想要求得無上智慧，就為他宣說清淨佛道。

《法華經》其實是一部優美的文學作品，他把置於前頭的散文所沒有表達的事情，後面以詩句來表達。

接著是描述他所看到的東西。他看到那些世界有如恒河沙一般的眾生，因為種種的因緣而來尋求佛道。有些是行布施的，金銀珊瑚、真珠摩尼、硨磲碼瑙……這些寶物，還有他的奴婢車乘、寶飾輦輿，他全部都歡喜布施。

我們讀經時，對於當時的時空背景要有些了解。

經典中的奴婢、國土、妻子、兒女都可以布施，對於現代人而言，奴婢的制度已消失，比較沒有階級層次，在古代，妻子、兒女是可以布施的，因為在古代的印度，妻子跟兒女都是丈夫的所有物，所以可以把妻子、兒女送給別人。所以這樣的觀點都有其時空背景。

他們這樣做是一種慈悲心的表現，因為將「所有物」全部布施。每一個菩薩的布施內容都不一樣，有些把欄楯華蓋、軒飾來布施；有些菩薩用身體容貌手足、還有妻子來布施；有些菩薩以頭、目、身體來欣樂施與，祈求得到佛陀的智慧。

像釋迦摩尼佛的過去生為薩埵太子時，他如何布施呢？看到小老虎肚子餓了，他以自己的身體布施給小老虎。而小老虎飢餓到連跳過來吃的力氣都沒有，既使他躺在他旁邊給牠吃，牠都沒有力氣。最後薩埵太子找了些竹子，將竹子削尖，奮身跳上竹子，讓自己的血流噴出來，終於老虎吃了有些力氣，才慢慢將他吃掉。像這種捨身的精神實在令人感動。

像我自己是不會這樣做的，講說自己很怕死的話，好像有一點嫌疑；不過基本上人是有價值的，因為菩薩道的價值並不是說我們一定要做哪些行為才算，而是要做哪些抉擇。比如說我因為國家的需要，被派到戰場上去，我可能會把敵人殺掉，也可能我會把自己殺掉，所以這是一個結論，無可奈何。當然能夠不要這樣，就不要如此，但是如果萬一我要上戰場，那我如何判斷這個事情？如果所面臨的情況，我判斷出對方活著比我活著有價值的話，我只好讓他殺了，但是我們是否具足那麼大的智慧來做判斷？很難，我們可能有這種意念，但是事實上我們能不能做這樣的判斷呢？

菩薩基本上是不斷抉擇的，但是可能不斷地有錯誤的抉擇，但是根本的因緣是不會變的，知錯能改而不斷地提升有錯誤的抉擇，而且具有更高的智慧時，會做更好的判斷。要依自己的誓願來走，但是不一定是走哪一個標準線，有些菩薩是走這條路，有些菩薩走那條路，我們選擇跟我們相類似的型態，有些走慈悲型的，有些走智慧型的，有些走的是幸運型的，無論如何我們都要尊敬他們，但是我們選擇裏面跟我們個性相近的菩薩行來實踐。

彌勒菩薩也看到有些菩薩到佛陀的住所請問無上佛道，捨掉安樂淨土、出家、跟他學佛。有些菩薩作比丘，獨處閑靜，樂於誦持經典；有些菩薩勇猛精進，在深山裏面思惟佛道；有些遠離欲望，時常處於空閑之處，深修禪定，得到五種神通；

有些菩薩安祥合掌，以偈頌讚歎一切法王，讚誦佛陀。

有些菩薩智慧深廣、志氣堅固，能夠請問一切佛陀，聞法之後能夠完全地受持；有些菩薩的定力跟慧力都具足，用無量的譬喻來為大眾講法，很高興地說法來化導一切大眾，破除魔兵、魔眾、擊大法鼓。

有些菩薩寂然宴默，很安靜地宴座，諸天龍神都恭敬他，這時不為這天龍的恭敬而有所動；有些菩薩在林中放光，救濟地獄的眾苦，使他進入佛道。

有些菩薩他不曾睡眠，經行林中，就是在林中不斷地經行、尋求佛道；有些受具足戒的菩薩，威儀沒有缺少，心清淨如同寶珠一樣，以求佛道。

有些菩薩安住在忍辱力，對於增上慢、惡罵捶打他的人都能夠忍受。「增上慢」是沒有開悟而自認為已經開悟的人，稱為增上慢。

有些菩薩能夠遠離一切的戲笑、還有愚痴的眷屬來親近智者，一心除掉亂力，在林中攝念，百千億歲，來尋求佛道；有些菩薩把種種飲食還有湯藥，供給佛陀與教團；有些把最好的衣服來供養佛陀及教團……這些種種都是為了求得無上佛道。

這些菩薩有種種的因緣，因為這些因緣，菩薩表現出種種行儀，全部都匯歸於求取無上菩提的過程，他們在佛陀滅度後，建造無量無數層樓的塔廟，供大眾供養禮拜，使他們能夠感受到佛陀依然存在。

彌勒菩薩與文殊菩薩的對答

彌勒菩薩以偈頌來請問文殊師利。這些種種的境界是為什麼要如此現起？

文殊菩薩以偈頌來解說菩薩的各種型態。一般而言，聲聞的型態是比較固定，而菩薩行是無量無邊，各依其因緣展現各種菩薩的形式，來追尋佛陀的道路。

文殊菩薩告訴彌勒菩薩說，因為佛陀要宣說大法，所以雨下大法雨，吹大法螺，擊大法鼓，敷演大法深義。他在過去很多佛陀處，也曾經見到這樣的瑞現，放出眉間白毫相光宣說大法。所以了知現在佛陀示現眉間白毫相光也是如此，想要令眾生都得以聽聞了知一切世間難以相信的法，所以示現這樣的瑞現。

然後文殊菩薩就舉過去無量無邊不可思議阿僧祇劫，有位日月燈明如來演說正法，具足圓滿的清淨梵行。他為修學聲聞的人講說苦集滅道四法，為修學緣覺乘的人說十二因緣法，為修學菩薩乘的人宣說布施、持戒、忍辱、精進、禪定、智慧六波羅蜜，成就佛智。

另外，還有一位佛陀他的名號也是日月燈明如來，有二萬位同名為日月燈明的佛陀，又都有相同的姓：頗羅墮。「頗羅墮」：意譯為利根。

最後一位日月燈明佛尚未出家時，育有八位王子，他們聽說父親出家後證得無上正等正覺，全部都捨棄王位追隨父親出家，後來都成為大法師，他們已經在成千上萬的佛陀處種植種種的善根。

那時，日月燈明佛講說名為《無量義教菩薩法佛所護念》的大乘經典。說這部經時，入於無量義處三昧，其眉間也放出白毫相光，普照東方萬八千佛土，當時會中有二十億菩薩樂欲聽法，這些菩薩看見這光明瑞相，想要知道這光明的因緣，這時有一位妙光菩薩，他領有八百位弟子，當時日月燈明佛從三昧起定，由於妙光菩薩的請求，宣說名為《妙法蓮華教菩薩法佛所護念》，用了六十小劫的時間宣說，聽聞的人也是六十小劫的時間身心不動，聽佛說法的時間好像是吃一頓飯的時間。

雖然講的都是同一部經，但是講授的時間卻是六十小劫，而且前個時代也不會出現舍利弗、目犍連在那兒聽法，講授的經名雖然相同，應是講授相同的內義。

另外，時間在此也顯得非常虛幻，真是一場遊戲三昧。但是也莫空過光陰，並進一步清楚了解內在的虛幻與外在的虛幻並無差別，而且漸漸修行，我們的覺受與理解慢慢會相會在一起。

日月燈明佛於六十小劫說完此經，說完就當眾宣布如來當日要入於無餘涅槃。這時佛陀即為德藏菩薩授記，授記完中夜就入於無餘涅槃。

日月燈明佛滅度以後，妙光菩薩繼續奉持《妙法蓮華經》，以滿八十小劫的時間，為眾人講說這部經書。日月燈明佛的八位王子，都師從妙光菩薩。王子們在供養過百千萬億、多得無法計數的佛陀後，都成就佛道，其中最後成佛的王子，他的名號為燃燈佛。

妙光菩薩的八百位弟子中，有一位弟子叫求名，他貪著名利供養，雖然讀了不少經典，卻未能明白領悟，很多經義被他遺忘了，所以被稱作『求名』。這位弟子也因為培植了種種善根的緣故，使他能夠遇上百千萬億、多得無法計數的佛陀，並能對這些佛陀恭敬供養，尊重讚歎。那時的妙光菩薩，就是文殊師利菩薩的前身；而求名菩薩，就是彌勒菩薩的前身。他們所看到的瑞相，與日月燈明佛所示現的瑞相無異。因此文殊菩薩推測，釋迦牟尼佛將講說大乘佛經，經名是《妙法蓮華教菩薩法佛所護念》。

「今日如來當說大乘經，名：妙法蓮華教菩薩法佛所護念」，是在我們深入《法華經》時，要好好的體悟，好好的受持。

「佛所護念」是每一個法華行菩薩所體悟的一個深刻信念。我們憶念佛心若佛，當了悟諸佛常憶念我們。佛是真實的護念我們，這是一個永遠不變的事實，而《妙法蓮華經》本身就是在教一切菩薩甚深法門。這一切菩薩是誰？即是一切眾生。一切眾生都是佛所護念的。

此外，「佛所護念」也是本經中很重要的觀點。如果我們讀誦、安住《法華經》，必定為佛所護念；其實一般眾生即為佛所護念，但是他不自知，或是拒絕。現在我們了知這道理，必為佛所護念，所以我們是佛所護念者。

要先確立這些見地，修學《法華經》才有意義。沒有這樣的見地，修學高階的禪觀是很難契入的。

〈方便品〉解讀

〈方便品〉是說明世尊的出世，是為了眾生開示悟入佛的知見，並宣說佛法唯有一乘，說二（乘）或說三（乘）都只是方便而已，並非究竟。

◆一切法的真理

在本品當中，我們可以看到整部《法華經》最主要的根本見地，他宣說了「開三顯一」、「會三歸一」的看法，而且特別為二乘人開啟了成佛的妙道，一般的大乘經典裡面都是比喻二乘，分成大小二乘，要小乘人迴小向大，這其實只是一種方便，是要破除無學位小乘人的我慢，要使他們生起修學甚深法要的信心，但是這種迴小向大的方式，還是不能夠完全證入所謂的平等平等、無二無二的佛法真實。所以《法華經》中佛陀宣示了二乘必然成佛的妙理，一稱南無佛皆共成佛道，在十方諸佛土中唯有一乘法，無二亦無三，這樣的看法讓我們能夠體悟到真實廣大圓滿的大乘、佛乘。這同時也是顯示一個甚深的方便。

經文中佛陀由三昧中安詳起定，告訴舍利弗諸佛的智慧甚深無量，其智慧法門難以理解深入，是一切聲聞、辟支佛所不了知。佛陀成就一切未曾有的殊勝法門，而且能以柔軟言辭喜悅大眾的心。

佛所成就第一希有難解之法，唯佛與佛乃能究盡諸法實相。所謂諸法：如是相、如是性、如是體、如是力、如是作、如是因、如是緣、如是果、如是報、如是本末究竟等。

「佛所成就第一希有難解之法」簡單而言：《法華經》就是從佛的體性上、從佛所體悟的法界實相上來看這個世間，所以我們修學《法華經》，首先對這一點要完全清楚、完全明瞭，不能有一絲一毫錯謬的認知。

此經並不是從世間的因位上來看事情的，也就是說「三法印」這件事情，乃是「實然」已久成為現證的狀況，毋庸再思惟就能認取的，所以「諸法無我」、「諸行無常」乃至「涅槃寂靜」的境界，都是「本然佛智」中所流出的，而相應於二乘的一種觀照。對這個不能有一絲一毫的懷疑。

所以，這裡已經毋庸再思惟辯證，而且對於所安住的「緣起性空」的實相也不能有任何疑惑，這些都是沒有分別，不必再解析，都是一種「究竟現證的了知」，現在這些現證匯歸進入不可思議的圓滿佛智，所以這個「圓滿佛智」不再是像「緣起性空」這樣的名相、分別，而直接就是「第一希有難解之法」。

佛陀說出了這重要名句：「佛成就第一希有難解之法，唯佛與佛乃能究竟諸法實相。」讀了這名句，思惟一下：如果無佛可得，是否能究竟諸法實相？

佛所成就第一希有難解之法，為何難解呢？因為不是有解的緣故，這是超越一切分別思量的現證佛智，所以只有佛與佛能夠究竟諸法實相。這是《法華經》最重要的一個根源所在，是整部經典見地之處。其實就這個見地而言，如果是心接受這樣的見地，本身即是見修行果同時圓證，這是實相的智慧。

所謂的諸法是什麼？實相是什麼？

「所謂諸法如是相，如是性、如是體、如是力、如是作、如是因、如是緣、如是果、如是報、如是本末究竟等。」

「諸法」即如是，總共有十如是。「相」是眾相、法相。「性」是特性。「體」是本體。「力」是力用。「作」不是世間的造作，而是諸佛的微妙作用。因、緣、果、報，也就是體、相、用三者，然後以本末究竟來貫穿。以這十個面相來觀察諸法。

其實就是究竟意義而言，十個如是或百個如是甚至只是一個如是，都是可以通達無礙的。天台智者大師就是依這十如是而開啟了「一念三千」的法門。

「如是」就是「如是」，「如」為本，是「是」肯定「如」字，不是「如」來肯定「是」字，所以「如」就是「如是」，就是這樣子，諸法體性就是「如是」。「如是」是法性，是法體，是法相，是一切，所以「如」不是如一個什麼，也不是單獨有一個「如」在那裏，「如是」是什麼？是法界一切現前現成，就是如此。

◆三止三請的因緣

舍利弗以偈頌的方式請問佛陀，為何入定很久才宣說此法，而且無問自說微妙難可思議的法。說完之後佛陀說：「止！止！不須復說。」舍利弗又祈請佛陀宣說！佛陀還是說「止止不須說。」舍利弗第三次再啟請佛陀宣說。

這是「三止三請」的因緣，這是佛陀希望增加大眾對法的專心度與尊重的示現，因此在舍利弗慇懃三請之後，佛陀要為大眾分別解說，話才說完，大會中就有比丘、比丘尼、居士、女居士等五千人退席。

會聽聞大法立刻退席的人，通常有二種類型的人，一種是罪業深重的人，一是增上慢的人。世尊雖然慈悲，但他並沒有制止這些人退席，這是為了相應於因緣的實相，佛陀默然而不制止，讓他們離開會場。

我們不要輕忽這三請三止的因緣，要仔細思惟。

第一次舍利弗請法，佛陀制止之：

止，舍利弗，不須復說，所以者何？佛所成就第一希有難解之法，唯佛與佛乃能究盡諸法實相。

這其實已經宣示了整個法要，運用「止」的立場來宣示整個法華的實相妙義。第二次舍利弗再請，佛陀再制止：

止！止！不須復說，若說是事，一切世間諸天及人皆當驚疑。

這也是法要的宣示，是由事相、世間相來宣說的。先在因緣上面告知：這是一個究竟法，如果宣說了，一切世間諸天及人，全部會驚疑的！在因緣上這樣的告知，就是要讓不能夠領受這大法的眾生，心中先有個安住，有心理準備，有法是希有的感受，其實這也是一種慈悲的接引。

這些可能會驚疑的人，透過佛陀的宣說來安頓自心，對於接下來的究竟法比較能承受，換句話說，就是要讓本來沒有聽法因緣的人，產生聽法因緣。因為如果佛陀直接宣說，那些原來沒有聽法因緣的人，直接去聽聞這些法，因為不具足因緣的緣故，自然心生驚疑，不信妙法，甚至產生毀謗等等後果。這是在聽法因緣上的一個善巧處理。

第三次佛陀做最後一次制止：

止止不須說，我法妙難思，諸增上慢者，聞必不敬信。

現在我們來了解「止止」這兩個字的意義。

當年六祖惠能大師帶著衣缽離開五祖，被惠明追趕上時，惠明說自己是為法而來，不是為衣缽而來，希望六祖為其說法。六祖說：「汝既為法而來，可屏息諸緣，勿生一念，吾為汝說明」。良久，又說：「不思善，不思惡，正與麼時，那個是明上座本來面目？」惠明言下大悟。

我們可以由「屏息諸緣，勿生一念」「不思善，不思惡」來體悟佛陀「止」的意思。止是什麼？就表相上來講就是：唉！你不要問我了。但是究竟的意義是什麼呢？當佛陀講止的時候，聽法的我們是不是能夠真正絕斷思慮，一念不生，無有一切的疑惑呢？當佛陀跟我們講止的時候，我們的心意識是不是在這時候同時止住？

我們再回想指鬘大盜的故事：當初指鬘大盜——央掘摩羅拿著刀要追殺佛陀的時候，佛陀慢步而走，他在後面狂奔而追，但是追了很久似乎永遠都追不到佛陀，所以他大叫，要佛陀停止不要再走了，佛陀聽到他的呼喊後，就說：「我早已停止了，是你還沒有停止啊！」

在無明妄動虛妄輪迴中，佛陀已經不再勤於輪迴了，不再造作惡業，不再心起妄動，一切所作皆已成辦了，所以他早已停止，而凡夫仍然輪迴不倦不知寂息。第三次佛陀說止時，也可以說是這個意思。

止在何處？是安住在實相嗎？當我們一切止息的時候，才能產生大作用，才能圓滿受究竟受法。

整個來看，這三次的止是很妙的。第一次佛陀說：**止，舍利弗，不須復說，所以者何？佛所成就第一希有難解之法，唯佛與佛乃能究盡諸法實相，所謂諸法，如是相、如是性、如是體、如是力、如是因、如是緣、如是果、如是報、如是本末究竟等。**看了這段文字，所謂諸法實相、第一希有難解之法，十如是等等，其實佛陀已經把法講完了。

再來**止、止、不須復說，若說是事，一切世間諸天及人，皆當驚疑。**對於一位究竟利根的人而言，前面的話已經可以安住在實相裡，佛陀很是慈悲的第二次制止，則是面對我們的因緣境界來說。第三次所說的話：**止止，不須說，我法妙難**

思。這不是明明白白又宣說了究竟之法嗎？

這些種種都是顯示出法的至微妙之處，佛陀宣講真實義理，清楚提出一佛乘，說明其餘的宣講都是方便之法，要以諸法實相之理來開示眾生。經文中目的標示很清楚，一開始就要悟入佛之知見，我們也要了知佛陀的知見不離我們自心，所以我們要以心啟悟、以心來相應。

◆佛陀出現的大事因緣

佛陀從究竟深密的實相當中，宣示了不可思議的方便，他以方便教化眾生，再以佛陀出世的一大事因緣來救度眾生。所以本品記載：

佛告舍利弗：如是妙法，諸佛如來時乃說之，如優曇鉢華時一現耳，舍利弗！汝等當信佛之所說，言不虛妄。舍利弗，諸佛隨宜說法，意趣難解。所以者何？我以無數方便，種種因緣、譬喻言辭，演說諸法，是法非思量分別之所能解，唯有諸佛乃能知之。

這法不是思量分別所能了解的，唯有諸佛才能了知。什麼是諸佛？無有少法可得是名諸佛。諸佛世尊，唯以一大事因緣故，出現於世。

這一大事因緣就是大方便，是一切佛陀的悲心與眾生根熟相應而起。

舍利弗，云何名：諸佛世尊，唯以一大事因緣故，出現於世？諸佛世尊欲令眾生開佛知見，使得清淨故，出現於世；欲示眾生佛之知見故，出現於世；欲令眾生悟佛知見故，出現於世；欲令眾生入佛知見道故，出現於世。

這是為眾生開示悟入佛之知見。

下面這經文，我們要明明白白牢牢記住：

諸佛如來但教化菩薩，諸有所作常為一事，唯以佛之知見示悟眾生，舍利弗！如來但以一佛乘故，為眾生說法，無有餘乘，若二、若三，舍利弗！一切十方諸佛法亦如是。

所以如果我們有次第的見解，有三乘的見解，就不是《法華經》的正見。《法華經》的正見就是諸法實相，佛所悟入的諸法實相無有餘乘，是真正的實相，是開權顯實的實相，是會三歸一的實相。一定要安止住在此實相，沒有所謂的聲聞、緣覺、也沒有菩薩，只有佛。一切都要匯歸入佛海，否則不能了悟，不能夠安住在法華正見。

在此我們其實可以把法華正見跟《華嚴經》的見地一起看。《華嚴經》說毘盧遮那世尊在菩提道場始成正覺，在當下的時空當中始成正覺，以這個當下來匯歸十方三世同時炳現，所以蓮華藏世界海顯現了重重互攝、一即一切、一切即一的境界。《華嚴經》裡面毘盧遮那佛的境界是在當下匯歸十方三世，那麼在《法華經》裡面，是久遠實成究竟的如來法身顯示。這兩部經講的其實都是一個東西，但在示現方便上卻有所不同。《華嚴經》中是「初發心即成正覺」，在《法華經》中則是「一稱南無佛，皆已成佛道」。這兩者是不是相同？其實講的都是諸佛的究竟。

在《華嚴經》裡面尤其特別顯示：寬廣的十方世界，這是空間的示現。而《法華經》裡，特別顯示了一個從過去久遠到現在，到未來即是如此的境界，成佛與否、涅槃與否，是一個示現而已，其實無有佛涅槃，亦無涅槃佛。一個是講成佛那一剎那的圓滿莊嚴，一個是講整個諸佛體性上面的永遠常住。

我們可以用四個層次來看「開示悟入」：開、示、悟、入佛的知見，也就是整個《法華經》所建立的修持次第。開佛知見：開示佛所知見的、唯佛與佛乃能究竟了知的諸法實相，當開啟佛的知見的時候，所有的雜枝、所有的殘餘、葛藤，就是所謂的二乘，全部都拆除。這才是真正的寶貝——佛的知見。

諸法實相沒有二乘，沒有三乘，唯有一佛乘，而一佛乘其實只是為了相對於二乘三乘而說的，就是如是如是的體性。開啟能讓眾生入佛陀知見的門，示現讓眾生真正清楚看到佛陀的知見，給我們一個指示，開啟了這個指示、這個標示，就讓我們清楚的看到，並且使這個知見慢慢的成為自己的知見。

「悟佛知見」，當了悟佛陀的知見後，佛陀的知見就時時都在指導我們，到最後「入佛知見」，入佛知見之後，我們跟佛陀的知見就等同一如。

開示悟入也可以跟見修行果來相比：開正知見，示其真實修法，了悟法華妙行，入法華的佛果。開示悟入也就是見修行果。這個說法其實也是方便，是要對我們的修持有所方便幫助的。

進入佛陀的一切種智

經文記載；舍利弗，過去諸佛以無量無數方便、種種因緣、譬喻言辭，而為眾生說諸法，是法皆為一佛乘故，是諸眾生從諸佛聞法，究竟皆得一切種智。

舍利弗！未來諸佛當出於世，亦以無量無數方便，種種因緣、譬喻言辭，而為眾生演說諸法，是法皆為一佛乘故，是諸眾生從佛聞法，究竟皆得一切種智。

一切種智就是佛智。不管過去或是未來、現在，十方無量百千萬億佛土中諸佛也是如此，都是這樣用各種因緣來為眾生說一佛乘法，使他們進入諸佛的一切種智。

所以法華行者可以用種種譬喻、種種因緣來幫助眾生解脫，但是如果不能夠有真實的證入，不能有真實的體悟，對眾生進入一佛乘究竟成佛的正見，心中還有任何的疑慮，就是退墮於法華正知見。尤其是對自己究竟成佛，乃至在當下當證佛果有所疑惑的話，對於佛法見地而言，這是很糟糕的，因為這是不能夠了悟唯佛與佛乃能究盡了知的法平等性。希望大家要不斷的安住在這見地中。

如果你是個教導者時，經文中建議說：

佛自住大乘，如其所得法，定慧力莊嚴，以此度眾生，自證無上道，大乘平等法，若以小乘化，乃至於一人，我則墮慳貪，此事為不可。

修證《法華經》的人，這句話要牢牢記住，這是不得了的宣示。其意就是如果我們以小乘法來教化人，即使是這樣的的學習者少到只有一人，雖然他仍在小乘法裡面解脫，我們仍是犯了慳貪，墮於慳貪之中，因為沒有把最好的教法給他，這是萬萬不可的。這裏講得多清楚明白！這就是法華的見地。我們不能夠在這邊有任何的疑慮。所以我們如果以小乘來教化某個人，就要再把他導引到佛地，這是不能開玩笑的！

而佛陀自己在教化，他如何做呢？

若人信歸佛，如來不欺誑，亦無貪嫉意，斷諸法中惡。故佛於十方，而獨無所畏。我以相嚴身，光明照世間，無量眾所尊，為說實相印。

佛陀在這邊保證：眾生雖然因為他們自己的因緣，而在短時間內沒有辦法信入大乘，但是，佛陀是永遠一定要把他們導入究竟實相當中的。佛陀又說：

今我喜無畏，於諸菩薩中，正直捨方便，但說無上道。菩薩聞是法，疑網皆已除，千二百羅漢，悉亦當作佛。如三世諸佛，說法之儀式，我今亦如是，說無分別法。

所謂「正直捨方便，但說無上道」就是說：所講的是最究竟的正直之法，不是曲折、階次、暫時等等方便之法。我們應當一心瞭解諸佛的真實究竟，而且亦要了解諸佛隨宜方便的苦心。說盡種種方便法門，最後一定是正直捨方便，但說無上道。所以：

汝等既已知，諸佛世之師，隨宜方便事，無復諸疑惑，心生大歡喜，自知當作佛。

大家不必疑慮了！大家自當作佛啊！聽到佛陀這麼說，我們真替一切眾生心生大歡喜，也替我們自己歡喜，替一些二乘人歡喜。

汝等勿有疑，我為諸法王，普告諸大眾，但以一乘道，教化諸菩薩，無聲聞弟子。汝等舍利弗，聲聞及菩薩，當知是妙法，諸佛之祕要。

這是說以一乘道為教法是諸佛的祕要。佛是法王，是諸法之王，佛持一乘道來教化菩薩，一切眾生都是佛，都要成佛，沒有聲聞弟子，這才是佛真實的祕要，這才是佛的心中心，諸佛的心中心，諸佛的大印，諸佛的實相印。所以我們應當領受諸佛的大心印，了悟諸佛的法要。

其實〈方便品〉裡面已經把整個《法華經》的祕要揭露開啟出來，已讓我們完全安住在法華的正知見中。究竟的法華行人，一見到佛陀所開示的正知見時，已經悟入正知見了，所以究竟法華行人應該如同龍女一樣現成佛道。由於因緣的緣故，我們示現生活於娑婆世間，這只是方便相應，在體性上我們是與諸佛同等無二的，這才是「如是」的真實意義，才是諸佛的實相。我們與諸佛確實是平等無二無別，是平等一如。

過去諸佛而言，我們是眾生，對未來佛而言，我們亦是眾生，但是我們這些眾生現在正在受佛教法，我們學習佛法，得到一切種智，所以我們就是未來諸佛。

佛經不只是讓人了解義理而已，是要我們更進一步學習佛陀，依止《法華經》，使《法華經》成為我們作實驗的指導書，所以我們是參與其中，不只是研究，而是《法華經》的實踐者，我們如此實踐即是諸佛的孩子，即是現代的菩薩。

佛陀為我們開示悟入佛的知見，所以我們也要為眾生開示悟入佛的知見，這一切必須要真實的相應，與我們的心產生觸動，而不只是思惟，在腦中細胞互相碰觸而已，如果只是限於我知道的層面，這是無法證得三昧的。

《法華經》也是佛陀入於三昧而宣說的，所以《法華經》也可說是法華三昧，如果是我們可以實踐的，我們就是實行它，這樣才是受持經典。

「一切眾生都是佛陀」的見地

舍利弗！十方世界中，尚無二乘，何況有三！舍利弗！諸佛出於五濁惡世，所謂劫濁、煩惱濁、眾生濁、見濁、命濁。如是，舍利弗！劫濁亂時，眾生垢重慳貪嫉妬，成就諸不善根故，諸佛以方便力，於一佛乘分別說三。舍利弗！若我弟子自謂阿羅漢、辟支佛者，不聞不知諸佛如來但教化菩薩事。此非佛弟子，非阿羅漢，非辟支佛。

諸佛出現於五濁惡世，五濁是：

劫濁：指時節污濁而災害起，衣食等資具皆衰損。

煩惱濁：指眾生起貪瞋等煩惱濁。

眾生濁：指眾生受小身、劣弱之果。

思濁：指眾生多邪見。

命濁：指眾生短命。

「諸佛但教化菩薩」：是指諸佛只教化菩薩，而其他的不教嗎？不是的，而是諸佛要以佛之知見開示眾生，教化他們成為菩薩，而說諸佛只教化菩薩。

以下偈頌很重要，是很深的宣言，為原偈頌加以白話。

比丘比丘尼眾，有懷增上慢心，優婆塞具我慢，優婆夷心不信。
如是四眾人等，其數有五千人，不自見其過失，於戒有所缺漏。
愛惜其自瑕疵，是小智者已出，大眾中之糟糠，佛威德故離去。
斯人尠少福德，不堪受是深法，此眾無有枝葉，唯有諸貞實眾。
舍利弗善聽聞，諸佛所得妙法，無量方便威力，而為眾生宣說。
眾生心中所念，種種所行之道，若干諸種欲性，先世善惡諸業。
佛陀悉知是已，以諸因緣譬喻，言辭妙方便力，令一切皆歡喜。
或說修多羅經，偈伽陀及本事，本生未曾有法，亦說於諸因緣。
譬喻并祇夜法，優波提舍眾經，鈍根樂於小法，貪愛著於生死。
於諸無量佛中，不行甚深妙道，為眾苦所惱亂，為是人說涅槃。

我設是方便法，令得入於佛慧，未曾宣說汝等，當得成就佛道。
所以未曾宣說，說時未至緣故，現今正是其時，決定宣說大乘。
我此九部妙法，隨順眾生宣說，入大乘為根本，以故宣說是經。
有佛子心清淨，具柔軟亦利根，於無量諸佛所，而行甚深妙道。
為此諸佛子眾，說是大乘經典，我授記如是人，來世當成佛道。
以深心憶念佛，修持淨戒緣故，此等聞得成佛，大喜充滿遍身。
佛陀知彼心行，故為宣說大乘。若聲聞若菩薩，聞我所說法要。
乃至於一句偈，皆成佛道無疑。十方佛土之中，唯有一乘之法，
無二亦無三乘，除佛方便說法。但以假名文字，引領導於眾生，
宣說佛智慧故，諸佛出於世間。唯此一乘事實，餘二乘則非真，
終不以小乘法，濟度於諸眾生。佛自安住大乘，如其所得之法，
定慧力為莊嚴，以此度化眾生。自證無上佛道，大乘平等妙法，
若以小乘教化，乃至度於一人，我則墮於慳貪，此事是為不可。
若人歸信依佛，和如來不欺誑，亦無貪著嫉意，斷除諸法中惡，

故佛於十方界，而獨無所畏懼。我以相好嚴身，光明普照世間，
無量眾所尊敬，為說實相法印。舍利弗當了知，我本立大誓願，
欲令一切眾生，如我等無有異。如我往昔所願，今者皆已滿足，
教化一切眾生，皆令入於佛道。若我值遇眾生，盡教示以佛道，
無智者心錯亂，迷惑而不受教。我了知此眾生，未曾修習善本，
堅執著於五欲，癡愛故生煩惱。以諸欲之因緣，墜墮於三惡道，
輪迴於六趣中，備受諸眾苦毒。受胎中之微形，世世恆常增長，
薄德少福之人，眾苦之所逼迫。入於邪見稠林，著若有若無等，
依止此諸見地，具足六十二見。深著於虛妄法，堅受執不可捨，
我慢自矜高傲，諂曲而心不實。於千萬億劫中，不能聞佛名字，
亦不聽聞正法，如是人難度化。是故告舍利弗，我為設此方便，
宣說諸盡苦道，示現之以涅槃。我雖宣說涅槃，是亦非真滅度，
諸法從本以來，常自寂滅之相。佛子眾行道已，來世得以作佛。
我有方便之力，開示三乘妙法，一切諸佛世尊，皆說一佛乘道。

現今此諸大眾，皆應斷除疑惑，諸佛之語無異，唯一乘無二乘。
過去無數劫中，無量滅度諸佛，具百千萬億種，其數不可限量。
如是諸世尊等，種種因緣譬喻，無數方便之力，演說諸妙法相。
是諸眾世尊等，皆說一佛乘法，度化無量眾生，皆令入於佛道。
又諸大聖主眾，了知一切世間，天人群生之類，深心之所意欲，
更以諸異方便，助顯第一義諦。若有眾生之類，值遇諸過去佛，
若聽聞法布施，或持戒與忍辱，精進禪定智等，種種修習福慧，
如是諸眾人等，皆已成就佛道。諸佛滅度已後，若人具善軟心，
如是諸眾生等，皆已成就佛道。諸佛滅度已後，供養佛舍利者，
起造萬億種塔，以金銀及頗梨，硨磲及與碼碯，玫瑰琉璃珠等，
清淨廣為嚴飾，莊校於諸眾塔。或有起建石廟，以栴檀及沈水，
木櫁并諸餘材，以塼瓦泥土等。若於曠野之中，積土建成佛廟，
乃至童子嬉戲，積聚沙為佛塔。如是諸眾人等，皆已成就佛道。
若人為佛陀故，建立諸種形像，刻彫具成眾相，皆已成就佛道。

或以七寶所成，以鍮鉐赤白銅，白鑞及鉛錫等，鐵木及與泥沙，
或以膠塗漆布，嚴飾製作佛像，如是諸眾人等，皆已成就佛道。
以彩畫作佛像，百福莊嚴之相，自作若使人作，皆已成就佛道。
乃至童子嬉戲，若以草木及筆，或者以指爪甲，而畫作為佛像。
如是諸眾人等，漸漸積聚功德，具足大悲之心，皆已成就佛道。
但化諸菩薩等，度脫無量眾生。若人於塔廟中，對寶像及畫像，
獻以華香幡蓋，恭敬心而供養。若使人等作樂，擊鼓與吹角貝，
以簫笛琴箜篌，琵琶鐃銅鈸等。如是眾妙音聲，皆盡持以供養，
或以歡喜之心，歌唄頌讚佛德，乃至於一小音，皆已成就佛道。
若人以散亂心，乃至若以一華，供養於畫像前，漸見無數佛陀。
或是有人禮拜，或復但合雙掌，乃至於舉一手，或復微小低頭，
以此供養佛像，漸見無量佛陀。自成無上佛道，廣度無數眾生，
入於無餘涅槃，宛如薪盡火滅。若人以散亂心，入於塔廟之中，
一稱南無佛陀，皆已成就佛道。於諸過去佛陀，在世或滅度後，

若有聽聞是法，皆已成就佛道。
如是諸如來等，亦皆方便說法。
度脫諸眾生等，入於佛無漏智。
諸佛根本誓願，我所行於佛道，
未來世諸佛陀，雖宣說百千億，
諸佛兩足至尊，了知法常無性，
如是法住法位，世間相常安住，
天人之所供養，現在十方佛陀，
安隱眾生緣故，亦宣說如是法。
雖示種種諸道，其實皆為佛乘。
過去所習諸業，欲性與精進力，
譬喻亦言辭說，隨應方便說法。
以種種之法門，宣說示於佛道。
方便宣說諸法，悉皆令得歡喜。

未來諸世尊等，其數無有限量，
一切諸如來等，以無量妙方便，
若有聽聞法者，無一不成佛陀。
普欲令諸眾生，亦同得此佛道。
無數諸法門等，其實為一佛乘。
佛種從諸緣起，是故說一佛乘。
於道場了知已，導師方便宣說。
其數如恒河沙，出現於世間中，
了知第一寂滅，但以方便力故，
了知眾生諸行，深心之所憶念，
及諸根器利鈍，並以種種因緣，
今我亦復如是，安隱眾生緣故，
我以智慧之力，了知眾生性欲，
舍利弗當了知，我以佛眼觀察，

澈見六道眾生，貧窮而無福慧。入於生死嶮道，相續苦難不斷，
深著於五欲中，如犛牛愛其尾。以貪愛自矇蔽，盲瞑而無所見，
不求大勢佛陀，及與斷滅苦法。深入於諸邪見，以苦欲捨棄苦，
為是諸眾生故，而生起大悲心。我始坐於道場，觀照樹亦經行，
於三七日之中，思惟如是等事。我所得之智慧，微妙最為第一，
眾生諸根頑鈍，執著樂癡所盲，如斯之等眾類，云何而可度化？
爾時諸梵王眾，及諸天帝釋眾，護世四大天王，及大自在天等，
并餘諸天大眾，眷屬百千萬眾，恭敬合掌禮敬，祈請我轉法輪。
我即自行思惟，若但讚歎佛乘，眾生沒在苦中，不能敬信是法。
破法不信之故，墮於三惡道中，我寧不說法要，迅疾入於涅槃！
尋念過去諸佛，所行方便之力，我今所得之道，亦應宣說三乘。
作是思惟之時，十方佛皆示現，梵音慰喻於我，善哉釋迦文佛！
為第一之導師，獲得是無上法，隨順諸一切佛，而用方便之力。
我等亦皆可得，最妙第一之法，為諸眾生類等，分別宣說三乘。

少智樂於小法，不自信能作佛，是故以方便力，分別宣說諸果。
雖復宣說三乘，但為教菩薩眾。舍利弗當了知，我聽聞聖師子，
深淨微妙之音，歡喜稱南無佛，復作如是之念：我出五濁惡世，
如諸佛所宣說，我亦隨順而行。思惟是事已畢，即趣於波羅柰。
諸法寂滅之相，不可以言宣說，以方便力之故，為五比丘說法。
是名為轉法輪，便有涅槃之音，及以阿羅漢眾，法僧差別之名。
從久遠劫以來，讚示涅槃之法，生死之苦永盡，我常如是宣說。
舍利弗當了知，我見諸佛子等，志求於佛道者，無量千萬億眾。
咸以恭敬之心，悉皆來至佛所，曾從於諸佛聞，方便所宣說法。
我即作是之念，如來所以出現，為宣說佛慧故，如今正是其時。
舍利弗當了知，鈍根小智之人，著相而憍慢者，不能淨信是法。
今我歡喜無畏，於諸菩薩眾中，正直捨棄方便，但宣說無上道。
菩薩聽聞是法，疑網皆已盡除，千二百羅漢眾，皆悉亦當作佛。
如同三世諸佛，宣說法之儀式，我今亦復如是，宣說無分別法。

諸佛興出於世，　懸遠值遇極難；　正使出生于世，　宣說是法復難。
於無量無數劫，　聽聞是法亦難；　能聽如是法者，　斯人亦復極難。
譬如諸優曇花，　一切眾皆愛樂，　天人之所希有，　時時乃一出現。
聞法歡喜讚歎，　乃至發一言音，　則為已皆供養，　一切三世諸佛，
是人甚為希有，　超過於優曇花。　汝等勿有疑惑，　我為諸法之王，
普遍告諸大眾，　但以一乘佛道，　教化諸菩薩眾，　無有聲聞弟子。
故汝等舍利弗，　聲聞及菩薩眾，　當了知是妙法，　是諸佛之祕要。
以五濁之惡世，　但樂著於諸欲，　如是等諸眾生，　終不能求佛道。
當來世之惡人，　聞佛宣說一乘，　迷惑而不信受，　破法墮於惡道。
有慚愧清淨心，　志於求佛道者，　當為如是等眾，　廣為讚一乘道。
舍利弗當了知，　諸佛妙法如是，　以萬億之方便，　隨宜而宣說法，
其不願習學者，　不能曉了於此。　汝等既已了知，　為諸佛世之師，
隨宜方便之事，　無復有諸疑惑，　心生廣大歡喜，　自知當作佛陀。

偈頌很清楚地宣示，念佛與佛相應，即使心中生起一念，則必然成佛，這是既

廣大又精微的。只要有一個因緣引發，就入於佛道，其背後最重要的就是建立於眾生都是佛的見地。

我們在修行時，要確認見、修、行、果的次第，建立正確見地，然後依見地修行，依起修的過程來實踐，成就果位。所以不論任何教派或是祖師大德，都一致認為見地是最重要的；但是這種觀點相應於世間，卻演變成修行最重要，而忽略了見地。

為什麼直接落入修行不好呢？因為沒有正確的見地，不知道是修什麼行，修行本身就只是一連串枉然的精進努力。所以禪宗有句話：不重汝行履，只貴汝見地，這「行履」就是修行。像現在密教，很多行人會重視修行者閉多少年的關，而不重視他的見地，這也是令人傷心的事。

但在佛法中，見地是最重要的。對小乘的正確見地而言，空、無相、無我三法印是最重要的；對大乘的見地而言，緣起性空、空性的見地是最重要的。除了唯識宗外，一般大乘佛教都認為一切眾生都可以成佛。

當我們具有緣起性空的見地，依此見地修行、實踐時，一定會產生一切都不真實的如幻覺受。

這對一般人而言，似乎難以體會或達到的境界。所以，有時我們可以藉由打禪來體會。對一些我們堅執不會改變的事，透過「禪七」強力的轉化，有些執著就開始鬆動了；以前認為一定要如此的，現在不需要了。整個心識會產生變化，煩惱也是很薄弱的，其實一切都可以改變的，只是說改變的力量夠不夠強大而已。這就是如幻。

產生如幻之後，就會現觀一切現空，也就是實相，一切無可執著；因此真空妙有的境界就現起了。所以禪宗有「見山是山、見山不是山、見山是山」的說法，這都是一樣的觀點，在修行的見地上會讓你產生不同的覺受。

在空與如幻的境界時，會有見山不是山的體會，然後又見山是山。所以，各種派別只是運用不同方式解釋，是因緣條件的不同，但是其修行的境界與過程是相同的，這是很清楚。

此外，高階的禪觀還有一個特質，就是你的見地、修、行、果會混合一體，低階修行的結果是下一個更高階的見地。例如我們在高速公路上行駛，要經過很多的收費站，當我們經過第一個收費站時才能再到達第二個收費站；通過第三個收費站時才能到達第四個……。所以第一個收費站就像是初地，是我們的目標結果，但是我們達到了，這又成為我們到達二地的見地了。所以高階的見地是低階修行的成果。

一切宗教只有佛法講空、無常、無我；然而現代很多新興宗教，其觀念是很混淆的，他們也是講空、無我，但其背後卻隱藏著一個大我的思想，很多人搞不清楚，卻說他們與佛教所講的都是一樣的東西。因此，正確的見地的確是很重要的。

在高階的禪觀中，其見修行果很多都是同時發生的。所以，《法華經》的見地是很高的。因此，它對初階的修學者講聲聞、緣覺、菩薩三乘，這種大、小乘的修行，在經中直接提出將這三者混合成為一佛乘的說法。

以前佛陀的說法是幫助大家解脫，成為聲聞、緣覺或是修菩薩行，目標是為了解脫，而現在則說這只是過程而已；在《法華經》中說三乘是權乘（乘是車子的意思），是權宜之計，真正的是一佛乘。現在所要建立的是真正的見地，不再只是權宜之計而是實相的見地。

所以要了解：一切眾生都是佛。如果沒有這個確切的見地，是無法進入《法華經》中，一切眾生的體性與佛陀的體性都是無二無別的，如果沒有這樣的認知，根本無法修持《法華經》的。

◆我們必然成佛

《法華經》中的見地是從實相觀來的，如果沒有具足這樣的見地，就無法說是在修持《法華經》。

我設是方便，令得入佛慧，未曾說汝果，當得成佛道。我設種種的方便，是要讓你們入於佛陀的智慧，但未曾說你們應當得以成就佛道。現在要說的是實相法，最重要的法。

在偈頌中一直重述「皆已成佛道」，為何說「皆已成佛道」？是過去已經成就佛道，還是現在皆已成佛道？其實可以說在佛道當中，必然成佛。不管是過去成或是現在佛道中，我們是可以得到這個決定見地：我們必然成佛。

「一稱南無佛，皆已成佛道」這樣的一句話，對於一個貪著的人而言，他不能夠如實隨順的依此成佛，因為他心中有貪著，對於佛的境界他有所不安，所以不能夠究竟無所得而成就佛道。就信心不足的人而言，他也無法信受「一稱南無佛，皆已成佛道」的事實，所以說對這個境界有反彈有疑惑。只有完全純任自然，有福有慧的人，一稱南無佛，才能夠像龍女八歲而成佛。

依法的究竟密意而言，根本就是回歸入一佛乘，就是「一稱南無佛，皆已成佛道」，但是又不礙有新發意、不退諸菩薩的這樣差別，所以說要體悟《法華經》，要從這樣的語詞當中去體悟，乃至於要了悟《華嚴經》也是如此。

「初發心即成正覺」這是不可思議的密意，但是這個密意對於一般眾生而言，可以說是無用的，如果你有特殊體悟之後，會發覺到這句話正是你修行中最大的福德、最大的資糧。我們都是無福之人、無智之人，因為佛陀講的這些話，都是明明白白的，但是我們不肯拾取，不肯拾取就是無智，想拾取又無力就是無福。所以說沒有甚深無上的大悲心，怎麼有力來拾取這句括，怎麼有力來現證這麼簡單的一句話？如果不是有大智慧、心完全空的話，怎麼能夠一點都沒有疑惑而當下拾取呢？

〈方便品〉偈頌中說：「若人散亂心，入於塔廟中，一稱南無佛，皆已成佛道」，這簡直是無法了知的事情，無法相信的事情，是不是？

「或以歡喜心，歌唄頌佛德，乃至一小音，皆已成佛道」，這代表什麼意義？如果沒有甚深的體悟，根本對這樣的話語是沒有辨法拾取。

雖說百千億無量的法門，其實講的都是一佛乘，一實相的法，《法華經》的見地就是建立在這上面。

其實廣約而言，一切眾生必然成佛道。所以我們要實踐這樣的見地。這樣決定的見地，就是《法華經》的根本見地，也就是澈見我們必當成佛。我們要設種種方便，讓眾生必定成佛。

「一稱南無佛」這個法門，在整個行住坐臥當中來做行持，這樣就已經在行法華行，隨時隨地安住於法住法位當中，就是法華果位，就是釋迦牟尼佛之身。究竟的了知法華的見地後，其他經文所說的一切法，都是包圍這個中心來宣說的，這些宣說就屬於劇場效果的部份了，要來襯托、說明、宣揚這中心見地。

〈譬喻品〉解讀

〈譬喻品〉說明舍利弗於佛陀前授記，佛陀為宣說火宅四車的譬喻，進一步說明三乘方便、一乘真實的意旨。

本品一開始是為一些三乘行人授記，授記他們終將成佛。所以這是屬於事證的部分，用事證來印證唯一佛乘的見地。

舍利弗自往昔從隨佛陀聽聞教法，見到菩薩們被授記成佛時，而自己卻不能參與這些事情，心中實在十分感傷，無法具足如來世尊的無量智慧知見。

他心中常常想著：「我們與菩薩眾共同進入法性的大海，為何如來世尊僅以小乘法來濟度我們，而不教導我們大乘法？這是我們的過錯，而不是世尊的過咎。

為什麼呢？因為如果我們受持佛陀宣說成就阿耨多羅三藐三菩提的教法，我們必定能以大乘法而得到度脫；但是我們不了解佛陀教化的方便，小乘法不過是以因緣時地隨宜所說，初聞到佛法，一遇到便完全信奉受持，思維正法取證小果。我們從往昔以來，每天常自責為什麼不能參與大法，而現在從佛陀金口聽聞希有大法，已經斷除了所有的疑悔，身心感覺到十分的舒適泰然，很快的就能得到安穩圓滿的境界，今日才知道我們也是真佛子，是從佛陀的金口出生，從佛陀的妙法化生出世，得到佛法真實的成分。」

「今日乃知真是佛子」這句話是任何法華行人，不管是迴小向大的二乘聖者，或是專志入的真實菩薩，都在此得到同等無二無異的安頓。所謂「今日乃知真是佛子，從佛口生，從法化生，得佛法分」。不管大小二乘聖者，甚至一切眾生都是真實佛子，我們必須要有這樣的體悟、瞭解、安住、不退轉。

其實修行也是要花費很多的心思、心血。佛陀曾在兩萬億佛所，為無上道的緣故，常教化舍利弗，舍利弗也長夜跟隨佛陀受學，佛陀以方便引導他，使他從佛陀的妙法出生。

由此可知，我們要跟大家廣結法緣，實行任何事，與人接觸，心中存有對方必定成佛的想法。

為諸佛所護念

舍利弗，我昔教汝志願佛道，汝今悉忘，而便自謂已得滅度。我今還欲令汝憶念本願所行道故，為諸聲聞說是大乘經，名：妙法蓮華、教菩薩法、佛所護念。

有時大家常常沒有信心，當佛陀說你是佛時，還是不敢認取，這其實是對自己、對法、對佛都沒有信心的表現，這是影響修行成就的重要關卡，但是不必擔心！沒有關係！佛陀說：「妙法蓮華，教菩薩法，佛所護念。」

舍利弗跟隨佛陀學習那麼久了，他在《法華經》中得到授記，將來必將成佛。

舍利弗，汝於未來世，過無量無邊不可思議劫，供養若干千萬億佛，奉持正法，具足菩薩所行之道，當得作佛，號曰：華光如來、應供、正遍知、明行足、善

逝、世間解、無上士、調御丈夫、天人師、佛世尊，國名：離垢。

華光如來出世時，雖然那個世界並非五濁惡世，但是因為往昔本願的緣故，所以還是廣說三乘方便之法，他那個時代的時劫劫名為：大寶莊嚴劫。為什麼名為：大寶莊嚴劫呢？這是因為他的國家中以菩薩為大寶的緣故，這些菩薩眾的數量有無量無邊不可思議的數目，就是用算數計算乃至使用譬喻的說法也不能算清，如果沒有佛陀的智力是無人能夠了知菩薩的數量的。這些菩薩們如果想行走時，自然有寶蓮華承接足下。而且華光如來以三十二劫的時間來教化眾生。

實用經典——行住坐臥的練習

平常走路時，可以觀想大地是琉璃寶地，腳是踩在寶蓮華上，每一步行走都如此，在行住坐臥都是在蓮花上，把家裡都觀想成蓮花。要相信這世界是呈現我們希望的樣子給我們看的，你慢慢會發覺這會越來越事實的。

南無華光如來！我們稱念華光如來是可以受到加持的。整個大地是銀白色的，這是華光如來離垢世界的現象。

佛陀授記完畢，一時四眾弟子，天、龍、夜叉等大眾全部都心生大歡喜，無量踊躍，於是釋提桓因這些天子在空中散花、散天衣，天衣在虛空中自迴轉，各種音樂一時全部響起，他們說：「佛陀往昔於波羅奈初轉法輪，今乃復轉無上最大法輪。」

「波羅奈」是瓦拉那西VALANACHI恆河旁的鹿野苑，也是仙人墮處。

諸天子讚歎之餘，發起迴向的心：

佛道叵思議，方便隨宜說，我所有福業，今世若過世，及見佛功德，盡迴向佛道。

我們要常常迴向，但是迴向什麼最重要呢？應該先迴向什麼呢？要先迴向佛道，迴向一切眾生成佛，迴向莊嚴諸佛淨土，要從這裡開始迴向起。

迴小向大，決定成佛，不敢成佛是我們最大的障礙。我們學習佛法要很溫柔體會佛法的深義，不要用自己的習氣來學習，要正念思惟；我們是學佛的人，而不是學習自己習氣的人，或是讓自己看起來是很謙虛有道德的人。

接著經文描寫當時舍利弗告訴佛陀說，他現在沒有任何懷疑後悔，他的見地已經確立，他已經於佛陀前得到無上菩提的授記。但是一千二百位已經心得自在的阿羅漢，往昔還住在原地修學，未證羅漢前，佛陀時常教化他們，說：「我的教法能夠讓大家離開生老病死的苦惱，讓大家得到究竟涅槃。這些仍在修學、或是已證無學的阿羅漢行人，也各自以離開我執的見地以及有無常斷的偏見等，而自謂已得涅槃。」但是現在在世尊之前，聽聞到前所未聞的大法，他們都墮入懷疑迷惑當中不能脫離。雖然舍利弗很恭敬的祈請佛陀解說，但是也有一點質疑的味道，所以佛陀現在告訴他這個譬喻。

◆大車喻

《法華經》的譬喻是很著名的，佛陀為了說明眾生皆是真實佛子而說了這些譬喻，首先他用「大車喻」。

把三界比喻成火宅，三乘分別是在火宅外的羊車、鹿車、牛車，而一佛乘是最大的大白牛車。眾生乃是諸佛長子，佛陀要給眾生最大的白牛車，但是有些人不知道信受，所以佛陀就方便的對他們說：趕快！趕快離開火宅！外面有牛車、鹿車、羊車可以給你們！結果等他們出來以後全部都給他們大白牛車。所以佛陀說：

> 舍利弗！如彼長者，初以三車誘引諸子，然後但與大車寶物莊嚴，安隱第一；然彼長者，無虛妄之咎。如來亦復如是，無有虛妄，初說三乘引導眾生，然後但以大乘而度脫之。何以故？如來有無量智慧，力無所畏諸法之藏，能與一切眾生大乘之法，但不盡能受。舍利弗！以是因緣，當知諸佛方便力故，於一佛乘分別說三。

這是很有名的三車喻，有羊車、鹿車、最後是大白牛車。

我們應當信受妙法華，這妙法蓮華不在別處，但在大家的自心中。

〈信解品〉解讀

〈信解品〉說明須菩提、摩訶迦葉等聞佛說法，歡喜踴躍，即以長者窮子譬喻，體現領會佛陀心意，深信理解。

無量珍寶不求自得

爾時慧命須菩提、摩訶迦旃延、摩訶迦葉、摩訶目犍連，從佛所聞未曾有法，

世尊授舍利弗阿耨多羅三藐三菩提記，發希有心歡喜踊躍，即從座起整衣服，偏袒

袒右肩右膝著地，一心合掌曲躬恭敬，瞻仰尊顏而白佛言：「我等居僧之首年竝朽邁，自謂已得涅槃，無所堪任，不復進求阿耨多羅三藐三菩提。世尊往昔說法既久，我時在座，身體疲懈，但念空、無相、無作，於菩薩法，遊戲神通，淨佛國土，成就眾生，心不喜樂。所以者何？世尊令我等出於三界，得涅槃證。又今我等年已朽邁，於佛教化菩薩阿耨多羅三藐三菩提，不生一念好樂之心。我等今於佛前，聞授聲聞阿耨多羅三藐三菩提記，心甚歡喜得未曾有，不謂於今忽然得聞希有之法，深自慶幸獲大善利，無量珍寶不求自得。

我們讀經文時，要有同心、同理的感受，這對我們是很重要的，過去的聖者受用此經，我們也要受用此經，因此看到經文中「發希有心歡喜踴躍」，要感受這樣的心，同時發起這希有心，則能同時攝受這功德。

這些人年紀都很大了，這是他們在佛陀入滅前觀念的大轉變，「今我等年已朽邁」，羅漢的心是涅槃的心，而佛菩薩的心是永遠年輕的，這並不是指生理年齡而已。

為什麼無量珍寶不求自得呢？因為這是本心所有，如此其心就活了，就年輕了！

接著是很有名的窮子喻。

◆窮子喻

《法華經》有很多的譬喻很有趣！除了大車喻外還有窮子喻。

有個人年紀很小很小就離家出走。在外面行走流浪了十年、二十年或五十年，生活很窮困當了乞丐，後來他回到本來所住的地方，他父親還住在那裏而且很有錢，一看到這乞丐，就認出他就是自己的兒子，但是兒子並不知道那個有錢人是自己的父親。

窮子見父親家財萬貫僮僕無數，很有勢力，心中立即生起恐怖，後悔來到這個地方，怕被捉去逼迫作勞役，而不能自由，於是他就決定離開。沒想到有錢的父親派人追上來，窮子心中害怕愈跑愈遠，父親派來的那個人不得已只好把他強制帶回，窮子嚇得昏倒了。

父親這時才知道他並無法接受自己是有錢人的事實。於是請人放了他，再秘密派遣二個沒有威德的人去找窮子，要窮子來父親家中作除糞的工作，供給吃住、零用錢。就這樣用種種方便然後慢慢地升成組長、總管，再擴大他的責任範圍，給他做比較好的事情，窮子因此慢慢接受、肯定他自己的能力，不再自卑。終至能承受自己是富家子的事實，他父親才與之相認而把整個財產移轉給他。

這大富長者是比喻如來，我們眾生就像那本來富子的窮子，因為我們是本為佛子的眾生。「如來常說我等為子」，但是我們「**迷惑無知，樂著小法，今日世尊令我等思惟，蠲除諸法戲論之糞，我等於中勤加精進，得至涅槃一日之價。既得此已，心大歡喜，自以為足，而便自謂：『於佛法中勤精進故，所得弘多。』**」

世尊知道我們樂於小法，但是如來有廣大的寶藏要付予佛子，所以運用各種方便讓佛子循次而進，慢慢接受，最後直接了當就告訴你：你本為佛子，你必定成佛，你與佛無二無別，平等平等，你就是佛了！

是故我等說本無心有所悕求，今法王大寶，自然而至，如佛子所應得者，皆已得之。今天因法華唯一佛乘的宣說，我們意外地了悟自己本來真是佛子，意外地得到法王大寶，而這些實是我們所應得的啊！

這整個過程是調心的過程，把下劣心磨除，將我執調整至我是如來而不執著，這也是一種本尊觀的練習；而有時修習本尊觀時，是有雜染之心，因為執著自己是本尊，這是修習本尊觀時要注意的。應如同經中所講的：「我本無心有所希求，今此寶藏自然而至。」要注意，是不能有下劣心與自尊心的。

這以上是窮子喻，佛陀的弟子在修行數十年之後，直到佛陀宣說本經才滅除下劣心。

此外，智者大師建立的「五時」判教，可以與窮子喻相配合：

(一)將父子相失比喻為中間的退大乘心。
(二)將父子相見比喻為今後出世的華嚴。
(三)父命追誘是表示由阿含進步到方等，受彈訶之益。
(四)領知家業比喻為般若的轉教。
(五)正付家業比喻為正確的法華開顯。

〈藥草喻品〉、〈授記品〉、〈化城喻品〉解讀

這幾品都是說明轉三乘為一乘。〈藥草品〉是以藥草來比喻眾生的根機不同，佛陀隨其根器而為之說法；〈授記品〉是佛陀為摩訶迦葉等四大聲聞弟子授記；〈化城喻品〉是佛陀以幻化之城的比喻，示現方便引導眾生入於佛陀之智慧。

◆藥草喻

〈藥草喻品〉是世尊隨緣說法比喻眾生的根器如同藥草一般。將人天二乘譬喻

為大中小的藥草，將上根、下根的菩薩比喻為大樹和小樹，將佛陀的平等大智慧譬喻為一味的雨，三千大千世界的大小長短各種草木，全部都受一味的雨平等而下，其潤澤長茂並沒有差別待遇，佛陀以一相一味的法也是如此平等利益所有的眾生，但是受用各個不同，所以說**今為汝等說最實事，諸聲聞眾皆非滅度，汝等所行是菩薩道，漸漸修學，悉當成佛**。諸聲聞眾也是在佛陀的真實法、一法、平等法的範圍中，所以也終當成佛的。

佛陀的授記

〈授記品〉說明佛陀為摩訶迦葉等四大聲聞授記。

既然小乘聖者也當成佛，佛陀便一一為各大弟子印可授記，除了舍利弗之外，像摩訶迦葉將來成為光明如來，須菩提將來成為名相如來，大迦旃延成為閻浮那提金剛如來，目犍連成為多摩羅跋栴檀香如來，印可這些二乘行者也可以成佛的。

基本上二乘行人成佛比眾生還難，因為他們已是無學，所以反而更難；但是連他們都能成佛了，因此我們就可以安心了吧！無學之所以難以成佛，是因為他們的空見太剛硬了、太鞏固了，悲心很不容易現起，所以難以成佛。

幻化之城的譬喻

〈化城喻品〉是佛陀說幻化之城比喻為小法，以示現方便引導入於佛陀智慧。講述過去的大通智勝佛，當時有十六位王子，後來十六王子分別於十方世界成佛，其中有東方阿閦佛，西方的阿彌陀佛，現今的釋迦牟尼佛等都是十六位王子之一。

〈化城喻品〉繼續鞏固前面解說的見地，就是一佛乘的見地，三乘是到達一乘道的方便，所以中間所到達的三乘解脫處，就宛如幻化之城一樣。如果一下子就要求到達佛果可能太遠了，眾生會因此退心不前，所以就在中間設個幻化之城讓大家安住，然後等到身心疲憊慢慢調整，恢復至正常，力氣有了，再繼續向前走，走向成佛。

另外，經文中十六王子、梵天王勸請世尊轉於法輪。諸佛說法是需要勸請的，不是說佛陀要擺架子，而是沒有因緣佛陀是無法說法的；因為如果自己宣說，而沒有人要聽，這也很尷尬。所以大眾能夠請法，對佛法的傳播是很有幫助的。

大通智勝如來受十方所有的梵天王及十六王子勸請，即時三轉十二行法輪，宣講苦、集、滅、道四諦與十二因緣法。

「諦」是真實不虛的意思，是如來親自證得的。

「苦諦」是指苦的現象，「集諦」是指苦生起、積聚的原因，「滅諦」是指苦的止息、滅除之後的寂靜涅槃，「道諦」是通向涅槃的道路，也就是種種修道的方法。

佛陀在初轉法輪時，以三個層次來宣說四諦：

第一說：此是苦，此是集，此是滅，此是道；這是說明四諦的定義。

第二說：苦當知，集當斷，滅當證，道當修；這是勸發我們修行四諦。

第三說：苦者我已知，集者我已斷，滅者我已證，道者我已修；這是佛陀舉自己已經親證得四諦的例子，合稱為「三轉十二行相」。

而十二因緣是生命輪迴流轉的十二個階段。十二因緣是指：

1.無明：生命最根本的我執、對立開始產生之時。

2.行：生命存續的意志力。

3. 識：行以無明為核心，相續運作產生的意識、記憶。
4. 名色：生命意識與受精卵的結合，精神與物質結合而有生命。
5. 六入：生命不斷發展，產生眼、耳、鼻、舌、身、意六入（六根）。
6. 觸：六入接觸色、聲、香、味、觸、法外境。
7. 受：由六根接觸外境後，產生種種感受。
8. 愛：「愛」又譯為「渴愛」，是指強烈的驅力，對自己喜愛的樂受，生起愛求的慾望，對厭惡、恐懼的苦受，就生起憎恨逃避的強烈欲求，進而驅動後續的行為執取。
9. 取：由愛的執著進而產生身、識、意等執取的行為。
10. 有：由執取的行為造成存有的現象。
11. 生：存有的現象推動生，即後續的存在。
12. 老死：有出生就會老死、死亡，輪迴不已。

佛陀為大眾中宣說此法時，「以不受一切法」，因為心中沒有任何染著，所以不受一切法。於煩惱心得到解脫，於四眾之中宣說大乘經典，名為妙法蓮華教菩薩法佛所護念。

這部經典也是《妙法蓮華經》，但是請問這與我們現在閱讀的這本經典是否相同呢？

我們可以確定的是大通智勝如來的時代，一定沒有迦葉、目犍連等尊者，也沒有釋迦牟尼佛，所以這是指傳此心、傳此意、是教菩薩法、佛所護念，其核心在妙法蓮華，這是我解們要了悟的。

這些譬喻，都是要我們迴小向大，我們要循迴理解。

〈五百弟子受記品〉、〈授學無學人記品〉解讀

◆佛陀授記五百弟子

富那樓是佛陀十大弟子中，說法第一的弟子，他平常的行持，就滿接近大乘菩薩。佛陀授記他未來成佛佛號為法明如來，國名為善淨，劫名為寶明。當時有一千二百阿羅漢心想如果世尊能授記其餘大弟子，那真是太好了。

佛陀知道他們的心念就現前次第授記，五百阿羅漢都同一個名號為普明如來。

這時五百羅漢禮拜佛陀而悔過自責說，他們都認為自己已經得到究竟滅度，現在才知道這是無智者的想法，現在世尊覺悟他們。

佛陀授記有學、無學

本品述說阿難、羅睺羅和有學、無學二千人皆得授記

佛陀授記阿難將來成佛，號為山海慧自在通如來，國名為常立勝幡，劫名為妙音遍滿。大會中的新發意菩薩心想，從來沒有聽聞過大菩薩得到這樣的授記，是什麼因緣讓聲聞可以如此呢？

佛陀知道菩薩們的心念，就說他與阿難等人於空王佛的處所同時發起無上菩提心。所以空王佛代表佛陀發心的時劫。

阿難常樂多聞，而佛陀常勤精進，所以已經成就無上佛果；而阿難護持佛法，亦護持未來的一切佛法藏，教化成就一切菩薩眾，他的本願如是，所以獲得授記。

佛陀亦授記羅睺羅將來的佛號為蹈七寶華如來，其國土為蹈七寶華佛國。

當佛陀授記阿難與羅睺羅時，看見有學、無學二千人，其意柔軟寂然清淨，一

心觀佛。

「其意柔軟」，相對的是其意剛強，就像佛陀教導他，他用自己的方法來理解，無法調整。其意柔軟像黃金一樣有很好的延展性。我們常常隨順自己的習氣，性情很剛猛，卻常認為自己很柔軟，這也顯露出剛強之處。所以要讓自己的心意柔軟，很重要。有人認為其意柔軟是否沒有個性？其意柔軟與個性無關，也不是個性很靡爛，柔軟是可以欣然接受正確的法，能善解人意，並正確去做事情。

經典中記載的，或是開悟的大德，對其描述都是其意柔軟，下一句則是寂然清淨，因為只有我執消失了，才能夠其意柔軟。

要如何才能其意柔軟，第一個是自我執著的消失，我執是否鬆掉？第二是否悲心很大？悲心很大，想修學更多的法門來救度眾生，不敢用自己剛強的心意作意來障礙幫助眾生的方便，所以他會掌握自己的心。第三是做甚深的懺悔，懺悔不是做給別人看的，而是自己內心深沉的懺悔。

「其意柔軟寂然清淨」，這是經文中的關鍵句，不要輕忽錯過了。

佛陀又授記這有學、無學二千人未來亦當於十方國土各得成佛，皆同於一名號：寶相如來。

大乘佛法認為無學是無法成佛的，因為他們已經不學了，如同空中的種子一般不會長出蓮花，但在本經中，佛陀處理了這個問題，只要他們發菩提心，迴小向大，他們終究可以成就佛道。

生存在現代的我們，對於大乘、小乘的衝突感受並不深，也搞不清楚大小乘，但這問題在當時如果不決解，是無法推動實相之理的。

〈法師品〉解讀

〈法師品〉是佛陀告訴藥王菩薩，關於聽聞隨喜善持解說法華經的種種功德。並說明什麼才是真實的法師。

◆隨喜授記

爾時，世尊因藥王菩薩告八萬大士：「藥王，汝見是大眾中無量諸天、龍王、夜叉、乾闥婆、阿修羅、迦樓羅、緊那羅、羅睺羅伽，人與非人及比丘、比丘尼、優婆塞、優婆夷、求聲聞者、求辟支佛者、求佛道者，如是等類，咸於佛前聞妙法華經一偈一句，乃至一念隨喜者，我皆與授記，當得阿耨多羅三藐三菩提。」

這個就是我們修學《法華經》的一個最重要盛禮，這是佛陀給我們的最大盛禮，也就是佛陀給我們最大的加持授記。法華行人看到這裏真的是會生起甚深的喜悅，也不知道如何宣說表達，就很光榮的接受佛陀的授記吧！

我們讀到此，真是太喜悅！太歡喜了！不由得令人感動而由衷地三稱：

南無妙法蓮華經

南無妙法蓮華經

南無妙法蓮華經

再三稱：

南無本師釋迦牟尼佛

南無本師釋迦牟尼佛

南無本師釋迦牟尼佛

這個禮敬的順序是先皈命經典而到佛陀。如果是依佛法僧三寶的皈命詞來說，應是：南無本師釋迦牟尼佛．南無妙法蓮華經．南無一切法華賢聖眾。這是法華的三寶。我們剛剛先法而師是具有另外的意義，這是因為一切諸佛都是依法而成佛的，所以我們先稱法再稱佛。

雖然宣講《法華經》的有十方無量諸佛，一切十方三世諸佛都講法華，像釋迦牟尼佛在大通智勝佛的時候就講法華了。但是我們現前的法華三寶是釋迦牟尼佛、《法華經》、法華行人、法華的賢聖眾。如果是碰到將來的華光如來（舍利佛所成的佛陀），那時的法華三寶就是南無華光如來、南無妙法蓮華經、南無妙法蓮華的一切聖眾。

佛告藥王，又如來滅度之後，若有人聞妙法華經，乃至一偈一句，一念隨喜者，我亦與授阿耨多羅三藐三菩提記。若復有人，受持讀誦，解說書寫妙法華經乃至一偈，於此經卷敬視如佛，種種供養：華香、瓔珞、末香、塗香、燒香，繒蓋、幢幡、衣服、伎樂，乃至合掌恭敬。藥王，當知是諸人等，已曾供養十萬億佛，於諸佛所成就大願，愍眾生故，生此人間。

藥王！若有人問：何等眾生於未來當得作佛？應示是諸人等，於未來世必得作佛。何以故？若善男子、善女人，於法華經乃至一句，受持讀誦，解說書寫，種種供養經卷：華香、瓔珞、末香、塗香、燒香，繒蓋、幢幡、衣服、伎樂，合掌恭敬，是人一切世間所應瞻奉，應以如來供養而供養之。當知此人，是大菩薩成就阿耨多羅三藐三菩提，哀愍眾生，願生此間，廣演分別妙法華經，何況盡能受持種種供養者！

藥王，當知是人，自捨清淨業報，於我滅度後，愍眾生故，生於惡世，廣演此經。若是善男子、善女人，我滅度後，能竊為一人說法華經，乃至一句：當知是人，則如來使，如來所遣，行如來事，何況於大眾中廣為人說！

法華經行者就是如來所遣，行如來事的人。在〈法師品〉中不斷的要我們修習《法華經》的內容，供養、受持、讀誦、為他人解說等等。如果以見修行果的次地，是屬於修到行的部分。

藥王，若有菩薩，聞是法華經，驚疑怖畏，當知是為新發意菩薩。若聲聞人聞是經，驚疑怖畏，當知是為增上慢者。

這句話講的好！我們如果在這邊產生驚疑怖畏，就是退墮法華正見，因為不能夠瞭解諸佛第一希有難解之法，不能夠瞭解如實體性，也不能瞭解法住法位，諸佛實相、諸法實相是甚深如是，就是這樣子！不是不思惟，是一切思惟超越過一切思惟。

◆廣為宣說法華經

藥王！若有善男子、善女人，如來滅後，欲為四眾說是法華經者，云何應說？是善男子、善女人，入如來室，著如來衣，坐如來座，爾乃應為四眾廣說斯經。如來室者，一切眾生中大慈悲心是；如來衣者，柔和忍辱心是；如來座者，一切法空是，安住是中；然後以不懈怠心，為諸菩薩及四眾廣說是法華經。

看了這段經文，大家應該知道如何修學《法華經》，從大慈悲心、柔和忍辱心，再安住於一切法空之座中，不懈怠地為諸菩薩及四眾廣說是《法華經》，這正代表我們以如來室、如來衣、如來座來實踐法華行。

藥王，我於餘國遣化人，為其集聽法眾，亦遣化比丘、比丘尼、優婆塞、優婆夷，聽其說法：是諸化人，聞法信受，隨順不逆。若說法者在空閑處，我時廣遣

天、龍、鬼神、乾闥婆、阿修羅等，聽其說法，我雖在異國，時時令說法者得見我身，若於此經忘失句逗，我還為說，令得具足。

這是佛陀為說法者的護念、護持、加持。這種宣說經法的感應是有的，有時是說法之前有一、二個與法相應的因緣出現。或許是佛、護法加持的緣故，或許是因為過去世對此法修習比較深入時間比較久的緣故。

根據經驗，這種相應於法的因緣示現實在是太多太多了，所以由此產生對法的平實信心，是不必用力得來的，而是點點滴滴經驗累積成的，不能說是證入，可以算是正覺受！大家要好好的體會。

讀了〈法師品〉，應該知道如何來修學《法華經》，修學法華到最後會發覺到，真的是行住坐臥都是法華的境界、法華的世界，如是相、如是性、如是體、如是力、如是作、如是因、如是緣、如是果、如是報、如是本末究竟等等，世間的一切都是如是如是如是。

像現在研讀《法華經》，就要如同經中所示，大家都是如來所化現聽法的，都是如來的使者啊！我們是如來使者，大家都是如來使者，整個世界是法住法位，世間相常住！這樣的境界就是行《法華經》，就是真的修持法華，不是早上念誦時才是，中午以後就不見了，晚上念誦時在，睡覺前就不見了，是隨時隨地心中所顯一切都是法華，都是至優美、至高、至圓滿的境界。

在這種境界中，多寶佛塔就會現起了，多寶佛塔從地踊出為《法華經》作證明，為法華行者護持。由古佛多寶如來和今佛釋迦牟尼佛，為法華行者作證護念，法華行者當具大信，精進勤行，並一心皈敬佛恩。

古今二佛並坐在七寶塔中的境界，至為殊勝難得，可算是法華行圓滿之果。

〈見寶塔品〉解讀

〈見寶塔品〉是多寶佛塔從地踊出，讚嘆釋迦如來宣說《法華經》。本品是「證前起後」的作用。證明前面所說的法，開啟後面的寶塔。是一個樞紐，這個樞紐是貫穿過去、現在、未來三世不變的法性，顯現二佛並坐的不可思議，並由此殊勝境界來證明法華行者是佛所護念，當教示法華行，當如此護持法華，如是成就法華圓滿果地。

多寶佛塔的出現

爾時佛前有七寶塔，高五百由旬，縱廣二百五十由旬，從地踴出，住在空中，種種寶物而莊校之。……寶塔中出大音聲，歎言：善哉！善哉！釋迦牟尼世尊，能以平等大慧教菩薩法，佛所護念，妙法華經，為大眾說。如是！如是！釋迦牟尼世尊，如所說者，皆是真實。

這裡顯現《法華經》中一個很重要的狀況，如果以華嚴的方式來講就是顯現事事無礙的境界，就是現象的境界。很多人會說怎麼不多講「理」呢？不是的。雖然議事，但是是從理中來講，從般若體性裡面再翻回現前的世界而說，一切都是如是。所以才在事上講，在一連串事件現象上講事事無礙。這種在事上宣示的方式，會使人產生《法華經》很簡單的觀感，好像都在講故事。

是在講故事，但是為什麼要講故事？這故事是什麼？有什麼用？為什麼是這樣子講？下次寶塔出來的時候，大家要體悟他為什麼要出來？他證實什麼？釋迦牟尼佛跟多寶如來又有什麼因緣？這是古佛今佛的因緣。當多寶佛塔出現時：

爾時佛告大樂說菩薩：此寶塔中有如來全身，乃往過去東方無量千萬億阿僧祇世界，國名：寶淨，彼中有佛，號曰：多寶。其佛行菩薩道時，作大誓願：「若我成佛，滅度之後，於十方國土有說法華經處，我之塔廟為聽是經故，踊現其前為作證明，讚言善哉。」

為什麼要出現多寶塔呢？這是證明釋迦牟尼佛所說《法華經》是真實的。

彼佛成道已，臨滅度時，於天人大眾中告諸比丘：「我滅度後，欲供養我全身者，應起一大塔。」其佛以神通願力，十方世界在在處處，若有說法華經者，彼之寶塔皆踊出其前，全身在於塔中，讚言：「善哉！善哉！」大樂說！今多寶如來塔聞說《法華經》故，從地踊出，讚言：「善哉！善哉！」

是時大樂說菩薩以如來神力故，白佛言：世尊！我等願欲見此佛身。佛告大樂說菩薩摩訶薩：是多寶佛有深重願：若我寶塔為聽法華經故，出於諸佛前時，其有欲以我身示四眾者，彼佛分身諸佛在於十方世界說法，盡還集一處，然後我身乃出現耳。大樂說！我分身諸佛，在於十方世界說法者，今應當集。

「我滅度後欲供養我全身者，應起一大塔。」多寶佛是示現全身舍利。

舍利有二種，一種是全身舍利，另一是碎身舍利；像六祖慧能也是全身舍利，然而肉身不壞並不代表解脫，因為他們已經死了，卻執著身體例如虛雲老和尚有一位弟子已死過世，還執著肉身，所以肉身不散，有時肉身還會走下來走一走，結果被虛雲老和尚斥責。所以，不要肉身不壞或有燒出舍利就以為解脫。

多寶佛是全身舍利，釋迦牟尼佛是碎身舍利，有時燒出的舍利子數量，比原本的體重還重。

近代大德燒出舍利的有名例子是章嘉活佛，因其舍利子很多，還引起一些醫生的討論，認為他食用很多肉類，所以體內鈣質豐富，因此燒出較多的舍利，認為這是結石，但是這樣的結石推論也不禁令人懷疑，因為燒出了一萬多顆舍利，而且還有舍利樹，好像沒聽過結石會結成樹的形狀。

碎身舍利一般而言有三種：分別是髮舍利、肉舍利、骨舍利，舍利最原始的意思是死後的身體，後來因為修行人的舍利比較特別，所以轉化成現在的意思。舍利子還有舍利花的形式，廣欽老和尚也有燒出舍利花。

或許我們會產生疑問，如果現在釋迦牟尼佛在這裡演說《法華經》，東方的釋迦分身也在說《法華經》，那多寶佛塔到底在那裡出現？這是很有意思的境界，佛可能同時出現的，而且釋迦牟尼佛亦可能同時在不同世界聚集所有分身，這一世界全部聚集，另一世界亦同時全部聚集。本身可以又是分身，分身亦同時是本身，這真是不可思議，平等平等。

大樂說白佛言：「世尊！我等亦願欲見世尊分身諸佛，禮拜供養。」

爾時，佛放白毫一光，即見東方五百萬億那由他恒河沙等國土諸佛。彼諸國土皆以頗梨為地，寶樹寶衣以為莊嚴，無數千萬億菩薩充滿其中，遍張寶幔寶網羅上。彼國諸佛以大妙音而說諸法，及見無量千萬億菩薩，遍滿諸國為眾說法。南、西、北方，四維上下，白毫相光所照之處，亦復如是。

爾時十方諸佛各告眾菩薩言：「善男子！我今應往娑婆世界釋迦牟尼佛所，并供養多寶如來寶塔。」

當這些分身佛來時，娑婆世界就變清淨，成為淨土了。

時，娑婆世界即變清淨，琉璃為地，寶樹莊嚴，黃金為繩以界八道，無諸聚落、村營、城邑、大海、江河、山川、林藪，燒大寶香，曼陀羅華遍布其地，以寶

網幔羅覆其上，懸諸寶鈴，唯留此會眾，移諸天人置於他土。是時，諸佛各將一大菩薩以為侍者，至娑婆世界，各到寶樹下。一一寶樹高五百由旬，枝葉華果，次第莊嚴。

這些化佛都來到如淨土般的娑婆世界結跏趺坐。這些化佛的數量有多少呢？

如是展轉，遍滿三千大千世界，而於釋迦牟尼佛一方所分之身，猶故未盡。

我們的身體到底有多少佛存在？在《大智莊嚴法王經》裡面曾記載：普賢菩薩進入觀世音菩薩的身體裡面，遊行了十二年，所以一個身體可以是個世界，甚至是世界海，既是世界海就有無量無邊的眾生、佛。

一個毛孔是小是大？什麼是大？什麼是小？這是很有意思的，同樣在這裡，我們所在的空間真的一樣嗎？如果以意識來確定空間的同異，你我的意識一樣嗎？你我對這空間的意識又一樣嗎？當然是不同，所以我們會有各種不同想法，不同的意見。而這些想法可以加在別人身上，認為別人也應該這樣想嗎？可以認為我們這樣的想法才是唯一的嗎？如果認為如此，那就是不瞭解因緣法。

釋迦牟尼佛有無量無數的分身，他們來到娑婆世界見謁釋迦佛，其分身之多佈滿三千大千世界都還不夠容納。而這些分身在他方世界時，如果已有他佛在那個地方示現，釋迦分身想必會是「如是」的展現。這是不可思議的平等心。

◆二佛並坐

要見多寶如來的條件，就是要說法者釋迦牟尼佛將所有十方世界的分身全部集合。因此，為了使眾生能見二佛相見的境界，釋迦牟尼佛分身全部來集，佛陀用右指開七寶塔戶，出大音聲。看到多寶如來，他的身體是不散的，全身舍利，如入禪定。此時聽到多寶佛說：

善哉！善哉！釋迦牟尼佛！快說是法華經，我為聽是經故，而來至此。

這是多寶如來對釋迦牟尼佛所說的。看到過去已經滅度那麼久的佛陀出來說話，真是感覺很欣喜。而且多寶佛在寶塔中分半座與釋迦牟尼佛。

這是一幅二如來坐在七寶塔中的景象，是著名的「二佛並坐」，古佛與今佛相遇，古佛與今佛互相印證、互相護持，這是很動人的場面！所以我們中國很多佛教造像中有二佛並坐的造型，就是出自《法華經》的典故。在中國魏晉南北朝佛教藝

二佛並坐圖（敦煌二八五窟北壁）

術的表現重點，即是二佛並坐，許多金銅佛的二佛並坐造像即從本經而來。

後來釋迦牟尼佛又以大音聲告訴四眾：「誰能於此娑婆國土，廣說《妙法蓮華經》，今正是時，如來不久入涅槃，佛欲以此妙法華經付囑有在。」這個就是屬於如來的果，是護持法華的古佛今佛因緣，而圓滿法華行得佛所護念，終至究竟法華果，即如來果位。

〈提婆達多品〉、〈勸持品〉解讀

〈提婆達多品〉說明提婆達多蒙佛授記，文殊菩薩宣揚《法華經》，龍女獻珠成佛。有些人認為〈提婆達多品〉是插進來，因為本來在描述多寶佛，而突然出現提婆達多，比較突兀。但是，〈提婆達多品〉可以算是一佛乘見地的具體展現。

自心最深沉的和解

提婆達多與佛陀的恩怨情仇，要在佛陀涅槃前解決。

提婆達多與釋迦牟尼佛，在很多世都互為競爭的關係，然在本經中，則記載菩提達多過去生為仙人時，為過去生為國王的世尊宣說大法。在這樣的因緣中，提婆達多展現的他良善的本質。

從這經文看，其實成佛是自心最深沉的和解，到最後沒有結怨的人，所有的怨仇都要消弭和解的。任何與我們有怨仇的人，當我們成佛了，我們不止要原諒他，還要依從他生命中最究竟最無上菩提心的質素幫助他成佛，從經典中我們可看出這種高貴的情操。

在《維摩詰經》中就指出十方的魔王都是十地菩薩的化現，從這角度來看，魔王對佛而言，可說是成佛練習對象，所以魔王應是很厲害的對等對象，具足很大的福德，否則也沒辦法考驗的。

在佛法中，一般都將提婆達多當成負面的對象，乃至他背叛佛陀最後組織教團。就正統佛教而言，都不讚同提婆達多的作法；但是，對於提婆達多，我們要有更深層的體悟，因為佛陀是無敵者——沒有敵者，其中必有最深沉的和解。成佛之後，一定要幫助傷害你的人，乃至你的仇怨，成就圓滿境界；如果沒有如此的話，在生命的最深層處是沒有和解的，法界眾生同體的境界是絕對沒辦法達到。從這觀點看，成佛是生命最深沉的和解，身心氣脈的和解。

提婆達多，卻後過無量劫，當得成佛，號曰：天王如來。

我們在此亦稱念：南無天王佛。

佛告諸比丘，未來世中，若有善男子善女人，聞妙法華經提婆達多品，淨心信敬不生疑惑者，不墮地獄、餓鬼、畜生，生十方佛前，所生之處常聞此經，若生人天中，受勝妙樂；若在佛前，蓮華化生。

這是說明信敬此品此經的功德。

很多人認為本品在此出現是很突兀的，但就另一觀點而言，前面的經文已經處理了佛教很深層的問題：大小乘的問題，特別提出一佛乘來解決；接著再解決另一個問題：處理與我們有怨仇的人，假若是用這角度來說，其實本品的出現也是很好的。

◆龍女成佛

接下來是處理的問題：性別的和解。在此我們不說是兩性的和解，因為兩性只是人類的特殊的狀態，人類性別不只兩性，人類是多性的，主要以兩性為主；就像血型，A型當中就包括很多形態。這也是很多同性戀者想要提出處理的，其男性的外表下也有女性的因子，要將其推向DNA來探討，認為同性戀是天生的，有些人則認為是後天的，其實天生與後天這兩者並不是絕對的，姑且不論同性戀的問題。宇宙各種性別的可能性都是因緣發展出來的。經文接下來是談龍女，也就是性別問題的處理。

智積菩薩問文殊師利：「仁往龍宮，所化眾生，其數幾何？」文殊師利言：「其數無量，不可稱計，非口所宣，非心所測，且待須臾，自當證知。」

這都是一件件的事證。智積菩薩問文殊菩薩在龍宮中教化多少眾生。於是：

所言未竟，無數菩薩坐寶蓮華，從海踊出，詣靈鷲山，住在虛空。

文殊菩薩在龍宮也是宣說《妙法蓮華經》。

文殊菩薩由龍宮躍出於佛所，前面說文殊菩薩在靈鷲山，現在又從龍宮出現，這是顯現出文殊菩薩有無量化身，有名的「文殊師利出海圖」即從此出。

智積問文殊師利言：「此經甚深微妙，諸經中寶，世所希有，頗有眾生勤加精進修行此經，速得佛不？」

文師殊利言：「有娑竭羅龍王女，年始八歲，智慧利根，善知眾生諸根行業，得陀羅尼，諸佛所說甚深祕藏悉能受持，深入禪定了達諸法，於剎那頃發菩提心，得不退轉，辯才無礙，慈念眾生猶如赤子。功德具足，心念口演微妙廣大，慈悲仁讓志意和雅，能至菩提。」

「娑竭羅」：海的意思。娑竭羅龍王為海龍王，八十龍王之一。海龍王並不是泛稱，是特指。

文殊菩薩以龍女的例子以為事證來說明，但是智積菩薩並不相信龍女能這麼快速就成正覺。在大眾中的舍利弗，對男女身的差異分別得很清楚，所以他更不能相信龍女能成佛。於是：

時舍利弗語龍女言：「汝謂不久得無上道，是事難信，所以者何？女身垢穢，非是法器，云何能得無上菩提？佛道懸曠，經無量劫，勤苦積行，具修諸度，然後乃成，又女人身，猶有五障：一者、不得作梵天王。二者、帝釋。三者、魔王。四者、轉輪聖王。五者、佛身。云何女身速得成佛？」

「女身垢穢」這是傳統的說法。這種對女性歧視的觀念，從古以來一直存在，龍女成佛存在著幾個問題，一是女身，因為女身不能成佛，而且有五障不是法器。第二是龍女的年齡，她只有八歲。第三是她發菩提心的時間不久。所以舍利弗不相信女身可以成佛。

爾時龍女有一寶珠，價值三千大千世界，持以上佛，佛即受之。龍女謂智積菩薩、尊者舍利弗言：「我獻寶珠，世尊納受，是事疾不？」答言：「甚疾。」女言：「以汝神力，觀我成佛，復速於此。」當時眾會皆見龍女，忽然之間變成男子，具菩薩行，即往南方無垢世界，坐寶蓮華，成等正覺，三十二相，八十種好，普為十方一切眾生演說妙法。

「一稱南無佛，皆已成佛道」信受是事，就是龍女了！這裡面有見地有果位。

在本品經文中，我們可以感受到對生命最深沉對立的和解，一是仇怨，一是性別。

在此龍女還轉成男身，但問題是什麼是男？什麼是女呢？這男、女性別是因緣的問題，嚴格說實行有性生殖的都是欲界眾生。什麼是有性生殖呢？有些生命是要懷孕時才變成雌性的，其他時間都是雄性，有些植物是雌雄同株，有些生命是雌雄同體，也有變化的。所以性別的分類，其實是因緣下的產物。

女性具有五障，但是男性也有障礙。例如雄性的蜜蜂不能成蜂王，所以這是一種因緣觀。從生物演化的觀點來看，只是因緣性，是在特定的時間與空間下，男女性別的觀察。有時候婦女的障礙是文化賦予的，賦予女性要扮演這種角色，然後這角色所實行的現象，而判定女性有這種障礙。

例如以前認為女性沒有識見，這是因為女性要待在家裡，不能接受教育，就導致此結果。如果一個文化的發展是以女性為中心的時代，其結果又迥然不同了。

性別本身是需要做更深沉的和解，女性也可以成佛。所以，密教深受《法華經》的影響；當然不只這部經處理兩性的問題，像《首楞三昧經》、《維摩詰經》也都處理兩性的問題；以及女相不可得的理解，不只女相不可得、男相亦不可得，所以這是因緣的展現。但在處理上還是以變成男子來展現，因為男相亦不可得，所以也沒有問題。

◆〈勸持品〉解讀

〈勸持品〉說明藥王、大樂說等菩薩大眾，以及已授記的羅漢眾等發願奉持、廣說《法華經》，摩訶波闍波提及耶輸陀羅皆蒙佛陀授記。

〈勸持品〉可以說是前面迹門的總結。一般而言，經文會這樣的描寫，大都是已接近尾聲了，所以本品可說是迹門的結果，之後解說久遠實成的釋迦牟尼佛。

而且〈勸持品〉接續前面龍女成佛的女性議題，佛陀亦授記佛陀姨母摩訶波闍提比丘尼當得作佛，佛號為一切眾生喜見如來。後又授記耶輸陀羅，名號為具足千萬光相如來。

〈安樂行品〉解讀

〈安樂行品〉是佛陀告訴文殊菩薩，想要宣說《法華經》，應當安住於四法中，即身（離權勢等十事）、口（離說輕慢讚毀等語）、意（離嫉諂等過，修養自心）、誓願（發願令人住是法中，修攝自行）四安樂行，四安樂行也就是法華行者的行持。

四安樂行又稱為四易行，第一是身安樂行、第二是口安樂行、第三是意安樂行、第四是將來成佛時一定要度他是誓願安樂行，四種安樂行是《法華經》迹門始末。

◆第一安樂行

佛告文師殊利：若菩薩摩訶薩，於後惡世欲說是經，當安住四法。一者，安住菩薩行處及親近處，能為眾生演說是經。文殊師利！云何名菩薩摩訶薩行處？若菩薩摩訶薩住忍辱地，柔和善順而不卒暴，心亦不驚，又復於法無所行，而觀諸法如實相，亦不行、不分別，是名：菩薩摩訶薩行處。

所以說菩薩安住在忍地，這個忍是忍辱地，是一種境界，心中一切完全柔和善順，沒有卒暴的行為，這裡需要有定境才能辦得到。心也不會有任何驚怖，對法無所行，而觀諸法如實相。「於法無所行」是什麼？是不造作。於法無所行是不再分別法，所以說這行是自然柔順，於法不分別而顯現的。

這是修學《法華經》的我們要學習的，在行、往、坐、臥當中都一樣柔和善順而不卒暴。

「觀諸法如實相」：在這種境界裡面，就主體而言，他是無所行的，但就整個其他眾生而言，卻受到他的恩澤。就像陽光普照一切、大雨普潤一切，但是他心中卻沒有我要照顧眾生或是我要行照耀、滋潤的責任，這才叫是無功用，所以說行菩薩行是以無功用行來做。

什麼是「菩薩親近處」呢？

云何名菩薩摩訶薩親近處？菩薩摩訶薩不親近國王、王子、大臣、官長，不親近諸外道梵志、尼揵子等，及造世俗文筆讚詠外書、及路伽耶陀、逆路伽耶陀者，亦不親近諸有兇戲、相扠、相撲，及那羅等種種變現之戲，又不親近旃陀羅、及畜猪羊雞狗、畋獵漁捕諸惡律儀。如是人等或時來者，則為說法，無所悕望。

又不親近求聲聞、比丘、比丘尼、優婆塞、優婆夷，亦不問訊。若於房中、若經行處，若在講堂中，不共住止。或時來者，隨宜說法，無所悕求。

不親近並不是指自己很清淨而不親近眾生，碰到眾生為他們說法而無所希望。「無所悕望」不是不抱著希望，而是：說法無希望，這是一種法布施，說法時即把法好好宣說，也就是只問耕耘不問收穫。

所謂菩薩親近處就是說，不管任何人，無論是外道、聲聞比丘，都是隨著適當因緣並無所希求，宛如虛空一般，並不特別去親近、去問訊、去聚在一起交談，而是看一切事、一切人都是因緣所生，說法亦是相應因緣而說，這就是親近處，也叫作隨緣，但是這裡面有特殊的因緣。他的行止是一切無所行而行，行至他的行處；他親近處是一切無親近處，隨宜說法，無所希望。

菩薩的行處、親近處合起來即是菩薩的身安樂行，是第一安樂行。

經文中的「尼揵子」：指裸行外道，也就是現代的耆那教。「路伽耶陀」：隨順事情、物欲的外道。「那羅」是指演員、「旃陀羅」是屠肉者。

◆第二安樂行

第二個安樂行則是語安樂行，亦即口安樂行。

文殊師利！如來滅後，於末法中欲說是經，應住安樂行。若口宣說，若讀經時，不樂說人及經典過，亦不輕慢諸餘法師，不說他人好惡長短。於聲聞人亦不稱名說其過惡，亦不稱名讚歎其美，又亦不生怨嫌之心。善修如是安樂心故，諸有聽者，不逆其意。有所難問，不以小乘法答，但以大乘而為解說，令得一切種智。

由此看來口安樂行是不說、不去批評他人的好惡長短，也不要生起嫌惡之心，是為善修安樂心，也就是善於隨順眾生的心意，而且有任何問題提出來時，都要以大乘法為他解說，不以小乘法來回答。

就法華而言，就是以法華的正見：一佛乘，來安住眾生的心，這是語安樂行。

◆第三安樂行

第三個是意安樂行。

菩薩摩訶薩於後末世法欲滅時，受持讀誦斯經典者，無懷嫉妬諂誑之心，亦勿輕罵學佛道者，求其長短。若比丘、比丘尼、優婆塞、優婆夷、求聲聞者，求辟支佛者，求菩薩道者，無得惱之，令其疑悔。語其人言：「汝等去道甚遠，終不能得一切種智。所以者何？汝是放逸之人，於道懈怠故。」又，亦不應戲論諸法，有所諍競。

不要讓他們退失能夠求得無上正等正覺的心，也不要戲論諸法，讓眾生產生諍競的心，對於一切眾生生起大悲想，於一切如來生起慈父想，於所有的菩薩生起大師想，對於十方諸大菩薩，常應深心恭敬禮拜，於一切眾生平等說法。因為隨順法的緣故，所以對眾生說法要恰到好處，不多不少，甚至對於深愛法的人也不應多說，只是適當地說，這是不容易的。

◆第四安樂行

第四個安樂行是發願。

文師殊利！菩薩摩訶薩於後末世，法欲滅時，有持是法華經者，於在家、出家人中生大慈心，於非菩薩人中生大悲心。應作是念：「如是之人則為大失，如來方便隨宜說法，不聞、不知、不覺、不問、不信、不解。其人雖不問、不信、不解是經，我得阿耨多羅三藐三菩提時，隨在何地，以神通力、智慧力，引之令得住是法中。」

這是一個大誓願。

這四個安樂行也是四個大願：一是身安樂行，一個是語安樂行，一個是意安樂行，一個則是誓願。這四個安樂行就是在弘通《法華經》時的心要，也是我們行持的指導，所以說法華行人都是安樂行人，身、語、意、誓願都安住在安樂行當中，在任何的一個惡世裡面法華行人都是隨緣，是安住在第一諦不退轉，導引眾生入於究竟大乘。

解讀〈從地踊出品〉

〈從地踊出品〉說明眾多菩薩和眷屬從地踊出，向多寶佛、釋迦牟尼佛禮拜；佛陀告訴彌勒菩薩，這些菩薩眾全都是佛陀於娑婆世界所教化而發心者。

◆從地踊出的菩薩

從地踊出菩薩可以說是法華的表率，他們是娑婆世界的菩薩，專門護持擁護這個世界的《法華經》，以及這個世界的法華行人。而且這些菩薩都是往昔釋迦牟尼佛所教化的眾生。

日本尊奉《妙華蓮華經》的日蓮宗，他們自認為是「從地踊出菩薩」，雖然他們的見地，我們或許不完全同意，但是這種信心使得每個人都覺得很有力量。反觀我們中國佛教徒，每一個人都很謙虛地自稱是末法眾生，雖然謙虛是種美德，但是在氣魄、擔當上就顯得放不開，所以力量也會因此小很多。

經文中一開始是他方國土的菩薩摩訶薩說：

世尊！若聽我等於佛滅後，在此娑婆世界，勤加精進，護持讀誦，書寫供養是經典者，當於此土而廣說之。

這是他方世界菩薩發心要護持《法華經》，但是：

爾時，佛告諸菩薩摩訶薩眾：「止！善男子，不須汝等護持此經，所以者何？我娑婆世界，自有六萬恒河沙等菩薩摩訶薩，一一菩薩各有六萬恒河沙眷屬，是諸人等，能於我滅後，護持、讀誦，廣說此經。」佛說是時，娑婆世界，三千大千國土，地皆震裂，而於其中，有無量千萬億菩薩摩訶薩同時踊出。

佛陀說不願意他方世界的菩薩護持《法華經》，因為娑婆世界就有六萬恒河沙數的菩薩護持、廣為宣說此法。

這是一個多麼壯觀的景象：有無量千萬億菩薩從娑婆世界的地下集體踊現出來。這是要增強我們娑婆世界眾生的信心吧！好像是說：嗯！這些外來的菩薩要護持法華也很不錯，很感謝！但是我們這邊也有人啊！也有人足以擔任此有意義的工作，而且還是很本土化的！因為這些從地踊出的菩薩都是宿世以來受釋迦牟尼佛教化的。

這些從地踊出的菩薩身體都是金色，具足三十二相，發出無量的光明，他們向七寶妙塔中的多寶如來、釋迦牟尼佛頂禮，讚歎佛陀，如是時間經過五十小劫，釋迦牟尼佛默然而坐，及四眾也都默然而坐五十小劫，因為佛陀威神力的緣故，使大眾感覺像經過半天。前面不是說佛陀即將涅槃，但是在此時間經五十小劫，這怎麼說呢？這五十小劫的時間，也可說是客觀的時間，因為在佛陀顯現這樣的世界因緣，可能時間與空間都改變了。

讀了本品，我們知道從地踊出菩薩將生生世世護持修學《法華經》的我們，而我們也終將成佛。

解讀〈如來壽量品〉

本品說明久遠劫來早已成佛的釋迦牟尼佛，但因為教化眾生的緣故，所以示現滅度。

久遠實成釋迦牟尼佛

經文記載：爾時佛告諸菩薩及一切大眾：「諸善男子！汝等當信解如來誠諦之語。」

復告大眾：「汝等當信解如來誠諦之語。」

又復告諸大眾：「汝等當信解如來誠諦之語。」

經文中連續講三次，為什麼呢？這是特別的提醒再提醒。這具有特別的意義嗎？這是確定信解如來誠諦之語。

汝等諦聽，如來秘密神通之力，一切世間、天人及阿修羅，皆謂今釋迦牟尼佛，出釋氏宮，去伽耶城不遠，坐於道場，得阿耨多羅三藐三菩提。然，善男子！我實成佛已來，無量無邊百千萬億那由他劫。

我們稱：久遠實成本師釋迦牟尼佛，就是從這段經文的意義、境界來的。

六句知見

諸善男子！如來所演經典皆為度脫眾生。或說己身，或說他身；或示己身，或示他身；或示己事，或示他事；諸所言說皆實不虛。所以何者？如來如實知見三界之相，無有生死，若退若出，亦無在世及滅度者，非實非虛，非如非異，不如三界，見於三界。如斯之事，如來明見，無有錯謬。

六句知見是：一、無有生死；二、若退若出；三、無在世及滅度者；四、非實非虛；五、非如非異；六、不如三界，見於三界。

六句知見與八正道是相同的，我們思惟自己是否具足六句知見？想想自己是否澈見三界實相，而不見自己生活中的實相呢？

佛法是一如的，大事件與小事件要串在一起，如此才能通達。希望大家要做一個真正的修行人，一切明白清楚了知。

「若見如來常在不滅，便起憍恣而懷厭怠」，這讓我想起提婆達多，到晚期他認為佛陀應該退位，佛陀的教團應歸還釋迦族，他要接掌教團。而佛陀認為這是莫名奇妙，這樣的想法是有問題的。第一，佛陀不領眾、佛陀認為自己是老師不是教主，不是這教團的領導者。這裡我們要注意佛陀的態度。

第二個，教團怎麼會屬於釋迦族呢？佛陀出家，釋迦族出家的人也很多，但是怎麼會有宗族的問題呢？為了爭奪教團，菩提達多不停地向佛陀挑戰，最後還謀殺佛陀，他慫恿阿闍世王謀殺佛陀，有一天佛陀去靈鷲山，他就從山上推下一顆大石頭，謀殺佛陀；還有醉象的故事，還有挖坑洞害佛陀。

當時佛陀弟子很生氣，想組織自衛隊保護佛陀，佛陀則拒絕了，因為佛陀說佛身是沒有人可以傷害的，不需要保護。提婆達多想盡辦法都無法傷害佛陀。提婆達多跟佛陀一樣，都也長得很好，只是還有一些相好沒有具足，因此他也有很多的追隨者，就是後來的六群比丘。

眾生既信伏，質直意柔軟，一心欲見佛，不自惜身命，時我及眾僧，俱出靈鷲山，我時語眾生，常在此不滅。

如果到印度靈鷲山朝聖，走到靈鷲山的山下，有一石碑寫此名句：「一心欲見佛，不自惜身命，時我及眾僧，俱出靈鷲山。」

當初智者大師入定時就見靈山大會宛然不散，所以智者大師所見是我們現在看到的靈鷲山嗎？印度的靈鷲山是外相；但有另一說法是當地球毀滅了，靈鷲山還是不壞的；所以有很多層次的靈鷲山。當證得法華三昧的前方便時，像智者大師就見到靈山大會。

「時我及眾僧，俱出靈鷲山，我時語眾生，常在此不滅，以方便力故，現有滅與不滅。」佛陀有入滅或不入滅是否有差別嗎？如果從這樣的觀點來理解，心中是不是更安穩呢？

佛陀的淨土有很多種，靈鷲山就是其中之一。

「眾生見劫盡，大火所燒時，我此土安隱，天人常充滿。」一般要見到淨土有二個特質：一是生起絕對的信心，一心欲見，而且不自惜身命。第二是清淨業障，絕對修持禪定。

靈山淨土比極樂淨土更難看到，要修的禪定更深，像中國最有名的例子就是智者大師，見到靈山淨土，他也是往生此土。

一切佛陀的特質就是要使眾生成佛，他的戒定慧都是要完成這個目標。他的定力是：隨時憶念眾生成佛；他的慧力：隨時思惟如何幫助眾生成佛；他的戒行：一切所行就是以眾生成佛為戒律，這是無上的戒律。

所以，很多人說他常常念佛，但是，事實是；佛陀憶念我們多，而我們憶念佛陀少，特別是當我們很倒霉時，才會憶念佛陀；而佛陀與成就者是隨時憶念我們。

由經文中可看出〈如來壽無量品〉是《法華經》中很重要的一品。

〈分別功德品〉解讀

本品的主要內容是：如果聽聞佛陀壽命長遠代表佛陀果地的言論，能立即生起隨喜的念頭，生起甚深的信解，會有無限量的功德，能生起如來無上智慧。如果還能深刻的去受持讀誦此經典，並且勸教他人受持讀誦，還能依佛陀的正見來施行六度波羅蜜，到最後以證行六波羅蜜，具足一切廣大的功德。

具足廣大功德

從地踊出的菩薩證明佛陀長久以來的教授，佛陀說明如來壽命的長遠時，有六百八十萬億那由他恆河沙眾生得到無生法忍，有一億微塵數的菩薩得到樂說無礙辯才，有一世界微塵數的菩薩得到百千億無量陀羅尼，有三千大千世界微塵沙數的菩薩轉不退法輪，有二千中國土微塵數菩薩能轉清淨法輪。

「無生法忍」：「忍」不是忍耐，六波羅蜜中有「忍」，忍是能夠安適於自心，由於對體性、因緣法、生命的瞭解，對空性的體解，在如幻的生活做恰當的相應，假如有二人身體條件一樣，他們生同一種病，病情也相當，如果其中一人能夠安忍自適，則此人會比較容易康復。

所以，佛法是讓我們內心得到智慧與慈悲與寬容，讓我們能在任何時間各種情境能夠安適自在。

菩薩不是祈求他在某處或是特定地方的自在，而是在任何地方都能自在，如同《心經》所講的：「觀自在菩薩行深般若波羅蜜多時，照見五蘊皆空，度一切苦厄。」他了解五蘊皆空的實相，所以不會被苦厄困住，而且能夠自在；如果一位菩薩只能在他的淨土安適自在，這境界是不夠的，菩薩道是落實在生活中實踐的，而不是哲學思維，是在任何狀況都要幫助眾生。

「忍」一般是指被別人責罵，因為心比較寬鬆柔軟，能夠忍；另外一層是對外境的忍；無生法忍的「忍」，則具有更深的意義，是不動於法性，是安住在無生的法性中不動，在此體性當中不動搖。所以真正安適自在的生活，是安住在無生法忍中。

我們常形容一個覺悟者的心就像大圓鏡一樣。而「照見五蘊皆空」，不就是安住在無生法忍當中嗎？行住坐臥都安住於此，每一個境界都安住於無生法忍中。

得到無生法忍，即得到法住智，了悟「空即是色，色即是空」。

經文中的「旋陀羅尼」是一種禪定境界，指智慧很明利，有旋轉力，如果生起一個錯誤念頭，自然就會將它摧毀；遇到任何一個錯誤觀念，都可以馬上把它摧毀。

由於修行、功德、禪定的累積，會忽然有一天具足旋陀羅尼，腦筋就活起來來，以前搞不清楚的、常常不自覺生起煩惱，就消失了；或是長時間胡思亂想、或任何事情都看錯的習慣，突然就消失了，人忽然改變了，心就輕鬆了，事情自然看清楚了，這是在禪觀中會自然獲得的，讀誦《法華經》也能夠具足這種力量。

佛陀講說當時與會大眾聞法受益，後世受持讀誦、書寫、講說此經，也都獲得很多的功德。

佛陀告訴彌勒菩薩說：阿逸多！若有聞佛壽命長遠，解其言趣，是人所得功德無有限量，能起如來無上之慧。何況廣聞是經，若教人聞，若自持，若教人持，若自書，若教人書，若以華香、瓔珞、幢幡、繒蓋、香油、酥燈供養經卷！是人功德無量無邊，能生一切種智。阿逸多！若善男子、善女人聞我說壽命長遠，深心信解，則為見佛常在耆闍崛山，共大菩薩、諸聲聞眾圍繞說法。又見此娑婆世界，其地琉璃坦然平正，閻浮檀金以界八道，寶樹行列，諸臺樓觀皆悉寶成，其菩薩眾咸處其中。若有能如是觀者，當知是為深信解相。

經文中顯示聽聞佛陀宣說壽命長遠，深心信解，能夠常見到佛陀在靈鷲山為大眾說法。而且看見娑婆世界的景象與極樂世界相同。經中特別建立靈山淨土外擴至整個娑婆世界也是淨土的觀念，這與其他經典的說法特別不同。

解讀〈隨喜功德品〉

〈隨喜功德品〉是講具有法華正見、行法華行、能隨喜，其功德都是廣大無量的。

◆隨喜聽聞法華經的功德

彌勒菩薩請問釋迦牟尼佛，隨喜聽聞《法華經》，能獲得多少福報？

釋迦牟尼佛告訴彌勒菩薩說，如果有人聽了這部經書就能依法修行，滿心隨喜，而且在離開法華會以後，又能到其他地方宣講，為父母、宗親、好友、熟人們宣講經義，父母、宗親等人聽了《法華經》以後，也能依法修行輾轉教化別人。別人聽了以後，也能滿心歡喜地依法修行，並且再次輾轉教化其他的人。如此不斷輾轉教化，一直輾轉教化到第五十次。這些在第五十次受到教化的善男子、善女人，聽法後也能滿心歡喜地依法修行，他們所獲得的功德，比起大施主把所有使人幸福快樂的器具，都布施給四百萬億阿僧祇世界裡的六道眾生，還使他們都獲得了阿羅漢果位的功德，真是無法用比喻說明的程度。

像這位信受《法華經》的人，他是在輾轉傳法到第五十次時才聽到《法華經》，然而他聽後滿心隨喜依法修行的功德，尚且如此無量無邊、不可計量，更何況那些最初在法華會上直接聆聽《法華經》並能滿心隨喜地依法修行的人呢！他們所獲得的福報，豈非更加殊勝！縱使經過無量無邊阿僧祇，誰也無法同他們的功德相比。

如果有人為了聆聽《法華經》，前去僧房，無論是坐著還是站著，那怕他只聽了片刻的《法華經》而有所信受，就因為這樣的功德，他來世轉生後，就能擁有最美好、最上等的大象、駿馬、車輛、珍寶、輦輿，甚或生於天宮而成為天神。

如果還有人坐在聽講《法華經》的地方，更勸告他人聽法，還能分座位給他們坐，那麼他們所獲得的功德，就能使他們來生得到帝釋的座位，或者得到梵天王的座位，或者得到轉輪聖王的座位。

如果有人對別人說：『有一部名叫《法華經》的佛經，我們可以前往聽聞。』立即接受了他的勸導，那怕只是聆聽片刻的《法華經》，這個人所獲得的功德，使他來生能夠與總持陀羅尼的菩薩們生活在一起，使他利根智慧，轉生百千萬世始終不會瘖瘂，口中不會有臭氣，既無舌病，也無口病；牙齒上沒有黑垢，不發黃，不稀疏，也不缺落，牙齒還不會參差不齊，也不會彎曲不直；嘴脣不會下垂，也不會蜷縮，不粗澀，不長瘡，不缺不壞，不歪不斜，不厚不大，不黃不黑，沒有任何令人討厭之處；鼻子不塌陷，不彎曲；面色不黑，既不狹長，也不凹陷，沒有任何使人看了不喜歡的相貌。他的嘴脣、舌頭、牙齒全都莊嚴美好，鼻梁高直面貌圓滿，眉毛高而修長，額頭寬廣平正，他具備了人類所有美好相貌。在世世代代轉生，他都能遇見佛陀，聽聞佛法，相信並接受佛陀的教誨。

勸導一個人前去聆聽《法華經》的人，其功德尚且有如此之大，更何況那些一心聆聽、誦讀、在大眾之中為人解說《法華經》、並且依照經義去修行的人呢！

隨喜的功德真是廣大，本品是讓我們生起堅固心，堅固法華正見。

〈法師功德品〉解讀

本品說明佛陀告訴常精進菩薩關於受持、讀誦等五種法師功德。

◆獲得六根清淨的功德

經文描述如果有人受持《法華經》，閱讀、誦持、解說、書寫，此人當獲得八百眼功德、一千二百耳功德、八百鼻功德、一千二百舌功德、八百身功德、一千二百意功德，以這樣的功德莊嚴六根，全部都令其清淨。

《法華經》的系統很強調六根清淨。

經中記載：若善男子、善女人受持是經，若讀、若誦、若解說、若書寫，成就八百鼻功德。以是清淨鼻根，聞於三千大千世界，上下內外種種諸香。

一般訓練鼻清淨的方法有九節佛風、數息法、隨息法，通明禪的訓練：呼吸是空的、呼吸是出入無常，是因緣和合，不執於呼吸、而自然會看到內臟。而由於讀誦書寫法華經的功德，也可以得到清淨鼻根的功德。

若善男子、善女人受持是經，若讀、若誦、若解說、若書寫，得千二百舌功德。若好、若醜、若美、不美，及諸苦澀物，在其舌根皆變成上味，如天甘露無不美者。

舌根清淨的狀況，是舌根轉變功能，所有的食物在其舌根皆變成上味，如天甘露無不美，什麼東西吃了都變成好吃。

培養清淨舌根的方法，包括舌頭放鬆，從舌根到舌尖全部放鬆很明顯的唾液會增加，舌根會張開。而讀誦解說書寫法華經，可以獲得舌根清淨的功德。

若善男子、善女人受持是經，若讀、若誦、若解說、若書寫，得八百身功德。

得清淨身如淨琉璃，眾生憙見。

關於身根清淨，是身如淨琉璃。經由放鬆練習，可以達到身根清淨的境界。而讀誦解說書寫法華經，也可以獲得身根清淨的功德。

若善男子、善女人如來滅後受持是經，若讀、若誦、若解說、若書寫，得千二百意功德。以是清淨意根，乃至聞一偈、一句，通達無量無邊之義。解是義已，能演說一句、一偈，至於一月、四月，乃至一歲，諸所說法隨其義趣，皆與實相不相違背。若說俗間經書、治世語言、資生業等，皆順正法。三千大千世界六趣眾生，心之所行，心所動作，心所戲論，皆悉知之。雖未得無漏智慧，而其意根清淨如此。是人有所思惟、籌量、言說，皆是佛法無不真實，亦是先佛經中所說。

意根清淨則能隨所言語皆隨順於實相，與實相不相違背。

不住於涅槃而修菩薩行，如《維摩詰經》中說：「非凡夫行，非聖賢行，是菩薩行。」其行為隨順如來覺性，就某些觀點來說，如果不行菩薩行，入於涅槃就好，反正人生無常，這行徑又落入小乘行人了，所以要不入涅槃而修菩薩行。

當我們發心之後，生命才能夠莊嚴，幫助眾生會變成我們最重要的事，無時無刻不以救度眾生為第一義諦。

「是人有所思惟、籌量、言說都是佛法」，這是我們要學習達到的境界。

解讀〈常不輕菩薩品〉

本品是佛陀告訴得大勢菩薩，有關常不輕菩薩往昔因位中的常不輕行和受持、解說《法華經》的故事。

◆法華行者的典範

在本品中，威音王佛變成一個時代的徵象，威音王佛在世時，為天、人、阿修羅說法，為求聲聞者而說四諦法；為求緣覺者而說十二因緣法；為菩薩而說六波羅蜜法。當這位佛陀滅度後，在這國土仍然有佛陀出現，仍然名為威音王如來，如此接續共有二萬億佛陀，都是同樣的名號。

在正法滅後像法時期，自以為得證的增上慢比丘們有大勢力。當時有一位名為常不輕的菩薩比丘，他是一位很特別的法華行人，他不讀誦經典只是行禮拜，每一次一看到人，就禮拜讚歎說：我深敬汝等，不敢輕慢，所以者何？汝等皆行菩薩道，當得作佛。

這樣的行徑即是：眾生都是佛陀的全佛觀念，也是最深悲心的展現。這也影響了後世的授記思想，因此，本經文中常不輕菩薩的授記與《首楞嚴三昧經》中的四種授記，對後來授記思想影響很深。

常不輕菩薩在禮拜每一個人的時候，還曾經遭遇到杖木瓦石、惡口怒罵的對待，但是他不厭倦，仍然繼續的禮拜。所以大家稱他為常不輕。

常不輕菩薩的行徑是與增上慢比丘相對的，他以行為來示現他的實現力很強，很專正。

這是一個很不可思議的實踐方法，他直接跳入「事」上、法華行上去實踐，不只是語言讀誦、護持、書寫、為他人演說而已，而是已經確認法華行，確認一佛乘，而且落實於具實相的行動，因此是很不可思議的。他不必再有推理，也不必再有任何的解析，所以也不會有任何的疑惑。但是這並不是說他只是信行人而已，而是已經超越一切分別思惟所得到的境界。

經中說常不輕比丘在快要臨終的時候，在虛空中，聽聞到威音王佛先前所說的《法華經》二十千萬億偈，全部都能受持，於是立即證得眼、耳、鼻、舌、身、意六根清淨；他證得了這六根清淨以後，更增加壽命二百萬億那由他歲，廣大地為眾人演說《法華經》。

在那時候，增上慢四眾——比丘、比丘尼、優婆夷、優婆塞，曾經輕賤常不輕比丘，因為他沒有名聲，但是看見他證得了大神通力、樂於說辯力、大善寂力，聽聞他所說的佛法，也都信伏隨從了。這菩薩又度化千萬億的眾生，使他們安住在阿耨多羅三藐三菩提。在他命終以後，得以值遇二千億位佛陀，他們的名號都是日月燈明如來，在他們的法中宣說《法華經》。

以這樣的因緣，又值遇二千億位佛陀，都同號為雲自在燈王，在這些佛陀的法中，受持讀誦，為一切四眾宣說這經典的緣故，就證得了常眼清淨，耳、鼻、舌、身、意諸根清淨，而且在四眾之中說法，心無所畏懼。

這常不輕菩薩供養如此多的佛陀，恭敬尊重讚歎，種下各種善根，又在以後值遇千萬億佛，也在所有的佛法中，宣說這經典，功德圓滿成就，應當成佛。而當初那些惡口怒罵常不輕菩薩的人，也都因此與佛結了法緣，種下成佛之因，而且那些人全部在此法華會中，全部都於阿耨多羅三藐三菩提不退轉。

這位常不輕菩薩，不是別人，即是釋迦牟尼佛的前身。

〈如來神力品〉解讀

本品是佛陀於大眾之前示現其神力，囑咐於如來滅後，應對《法華經》一心受持、讀誦、聽寫和如說修行。

◆佛陀示現威神力

佛陀在本品示現的大神力有：一、出廣長舌。二、一切毛孔放無量無數色光，遍照十方世界。三、同時聲欬、彈指，這二種音聲遍至十方諸佛的世界，大地全部都六種震動。

當時在場的大眾，因為佛陀威神力的緣故，都看見娑婆世界、無量無邊百千萬億眾的寶樹下，獅子寶座上的諸佛和看見釋迦牟尼佛，其多寶如來在寶塔中坐在獅子寶座上，又看見無量無邊百千萬菩薩摩訶薩和各方四眾，都恭敬圍繞在釋迦牟尼佛的周圍。他們都在看見這景像以後，全部生起未曾有的大歡喜心。

即時，諸天於虛空中高聲唱言：「過此無量無邊百千萬億阿僧祇世界，有國名娑婆，是中有佛名釋迦牟尼。今為諸菩薩摩訶薩說大乘經，名妙法蓮華教菩薩法佛所護念。汝等當深心隨喜，亦當禮拜供養釋迦牟尼佛。」

彼諸眾生，聞虛空中聲已，合掌向娑婆世界作如是言：「南無釋迦牟尼佛、南無釋迦牟尼佛！」

以種種華香、瓔珞、幡蓋及諸嚴身之具、珍寶妙物，皆共遙散娑婆世界。所散諸物從十方來，譬如雲集變成寶帳，遍覆此間諸佛之上。于時十方世界通達無礙，如一佛土。

爾時，佛告上行等菩薩大眾：「諸佛神力如是無量無邊，不可思議。若我以是神力，於無量無邊百千萬億阿僧祇劫，為囑累故，說此經功德猶不能盡。以要言之，如來一切所有之法，如來一切自在神力，如來一切祕要之藏，如來一切甚深之事，皆於此經宣示顯說，是故汝等於如來滅後，應一心受持、讀誦、解說、書寫、如說修行。所在國土，若有受持、讀誦、解說、書寫、如說修行；若經卷所住之處，若於園中、若於林中、若於樹下、若於僧坊、若白衣舍、若在殿堂、若山谷曠野，是中皆應起塔供養。所以者何？當知是處即是道場，諸佛於此得阿耨多羅三藐三菩提，諸佛於此轉于法輪，諸佛於此而般涅槃。」

這是佛陀神通威力不可思議的境界，亦是對「從地踊出菩薩」的一個付囑。

假若經卷所安住的處所即是道場，諸佛於此得到阿耨多羅三藐三菩提，諸佛於此轉法輪，諸佛於此般涅槃，也就是諸佛在此《法華經》處成就正覺、轉動法輪、般涅槃，而《法華經》處即是法華行者處，即是法華正見處即是法華果德處，即是諸佛道場，即是諸佛護念攝受的處所，即是諸佛大用神力的地方，即是：「一稱南無佛，皆共成佛道」見、修、行、果全部在此句中具足，由於《法華經》的緣故，今日乃知是真佛子，心中生大歡喜，而且自知當作佛。讀誦本品，我們不禁雙手合掌稱念：

南無久遠實成釋迦牟尼佛

南無法華經證多寶如來

南無從地踊出菩薩眾

經文最後，佛陀咐囑於其滅度後，應對《法華經》一心受持、讀誦、解說、書寫和如說修行。

〈囑累品〉解讀

在〈囑累品〉中，佛陀以右手摩大眾頭頂，囑咐受持和廣為宣說《法華經》，令一切眾生普遍得以聞知。

◆如來的咐囑

如來有大慈悲，無諸慳悋，亦無所畏，能與眾生佛之智慧、如來智慧、自然智慧，如來是一切眾生之大施主，汝等亦應隨學如來之法，勿生慳悋。於未來世，若有善男子、善女人信如來智慧者，當為演說此法華經，使得聞知，為令其人得佛慧故。若有眾生不信受者，當於如來餘深法中示教利喜。汝等若能如是，則為已報諸佛之恩。

如來有大慈悲，所以能給予智慧；如果沒有智慧，怎能給予慈悲呢？所以這二者是相對。菩薩行是智慧與慈悲二者相互呼應、相互成長。

如來是「無畏者」，無畏是很重要的，菩薩也是無畏者。無畏是：對眾生的教導無畏，對自己所身的環境無畏；對自己生命安置之處，如果沒有無畏，行事自然會沒有力量、緊張而不自在。無畏也要有智慧，能夠達到無畏的，一種是對實相的了解而無畏，另一種是深沉的慈悲心，而無所畏懼。

我們的心要隨喜無畏，慈悲心即增強了，相對的無畏也增強了。

佛陀說因為如來有大慈悲，沒有任何慳恪之心，也沒有任何畏懼，能給予眾生佛的智慧、如來智慧、自然智慧，如來是一切眾生的大施主，我們應該隨順修學如來教法，勿生慳悋。

在未來世，如果有信受如來智慧的人，應當演說《法華經》，使他們聞知，使他們證得佛陀的智慧。假若有眾生不信受的，應當在如來其它深法中，示現教化利益喜樂。我們如果能夠如此，則是已經報答諸佛的恩德了。

佛陀於百千萬億阿僧祇劫，修習這難得的阿耨多羅三藐三菩提法，現在付囑我們，我們應當一心流布此法，令其廣為增益。

現在我們學習此法，所以我們也應該如此實踐。

〈藥王菩薩本事品〉解讀

本品佛陀告訴宿王華菩薩關於藥王菩薩往昔聞法供養日月淨明德佛的本事，並宣說受持《法華經》、〈藥王菩薩本事品〉的功德，以及命終往生安樂。藥王菩薩也是法華行者的典範。

◆ 藥王菩薩的過去生

宿王華菩薩請問佛陀，藥王菩薩為何遊於娑婆世界及解說他的難行苦行。

佛陀說過去有一位日月淨明德佛，他為一切眾生憙見菩薩及很多的菩薩、聲聞們宣說《法華經》。這位一切眾生憙見菩薩非常的精進，一心求佛，當滿一萬二千年時證得一切色身三昧，他說這都是因為聽聞《法華經》的威力，所以，他立刻入於三昧，以神力供養日月淨明德佛及《法華經》。

供養完後他想：自己以威神力供佛，不如以身供養。所以他服下了各種香，如此滿一千二百年以後，並以香油塗身，在日月淨明德佛前，以天寶衣纏身，淋灌各種香油，以神通力願而自我燃身，光明遍照八十億恆河沙世界。諸佛同時讚歎他，他的身火燃燒了一千二百年，他的身體才全部燒盡。他命終之後又出生於日月淨明德佛國中，於淨德王家中結跏趺坐忽然化生，就為他的父親宣說偈言。

之後向他的父親說：「日月淨明德佛現今還安在，他先供養佛陀以後，得以了解一切眾生語言陀羅尼；又聽聞《法華經》的偈誦。他現在應當供養這位佛陀。」說完以後，就坐在七寶臺上，昇於虛空高七多羅樹，前往佛陀的住所，頭面禮足，合掌以偈頌讚歎佛陀。之後說：「世尊啊！世尊仍然在世上。」

這時，日月淨明德佛告訴一切眾生憙見菩薩說：「他涅槃的時候已經到了，他可安施床座，今夜應當般涅槃。」然後又勅令一切眾生憙見菩薩說：「他以佛法囑累於他及所有菩薩大弟子，和阿耨多羅三藐三菩提法，也用三千大千七寶世界的寶樹、寶臺及給侍諸天，都交付於你，我滅度以後，所有的舍利子，也都給你，應當廣為流布，廣設供養，應建起若干千塔。」日月淨明德佛勅令一切眾生憙見菩薩以後，在夜後分入於涅槃。

這時，一切眾生憙見菩薩看見佛陀滅度以後，悲感懊惱，戀慕於佛陀，就用海此岸的旃檀供焚燒養佛身。火滅後收取舍利子，分作八萬四千寶瓶，起了八萬四千塔。

一切眾生憙見菩薩心想他雖然作了這供養，但是心猶未滿足，應當還要供養舍利。在八萬四千塔前，燃燒著百福莊嚴臂相續七萬二千歲來供養，這舉動令使無數聲聞眾、無量阿僧祇人，發起阿耨多羅三藐三菩提心，都使他們得以安住示現一切色身三昧。

這時，所有菩薩、天、人、阿修羅等看見一切眾生憙見菩薩沒有手臂，就憂惱悲哀地說：「這一切眾生憙見菩薩是我們的導師，是教化我們的人，而現今燒自臂，身不具足。」在這個時候，一切眾生憙見菩薩在大眾中立下此誓言：「我捨棄兩臂必應當證得佛金色之身，倘若這是真的而不是虛假的，我的兩臂還會恢復像以前一樣。」在他作了這個誓言以後，手臂就自然還復了，這是因為菩薩福德智慧淳厚的緣故。就在這同時，三千大千世界生起六種震動，天雨下寶藥，是一切人天都未曾有的現象。佛陀告訴宿王藥菩薩說：「而這位一切眾生憙見菩薩就是現今的藥王菩薩。他如此捨身布施，經歷無量百千萬億的那由他數。」

佛陀又說：「倘若有發心想要證得阿耨多羅三藐三菩提的人，能燃燒手指乃至於足上的一指，來供養佛塔，勝過用國城、妻子和三千大千國土、山林、河池、諸珍寶物來供養。又倘若有人，用七寶滿三千大千世界，供養佛和大菩薩、辟支佛、阿羅漢，這人所證得的功德，不如受持《法華經》乃至一四句偈，其福德最多。」

這是藥王菩薩過去生為一切眾生憙見菩薩的故事。

修持〈藥王菩薩本事品〉的功德

本品並說明《法華經》是所有如來所宣說經典中最為深大，是千萬億種經典法要中最為照明，能破除一切不善的黑闇，在所有經典中最為尊貴，是所有經典之王。

《法華經》能夠救助一切的眾生，使一切眾生遠離各種苦惱，廣大饒益一切的眾生，使眾生充分滿足願望。能使眾生遠離一切苦、一切病痛，能解除一切生死的束縛。假若有人得以聽聞這《法華經》，若能自己書寫，或使別人書寫，所得到的功德，就算用佛陀的智慧來籌量有多少，也不能算達他的邊境。若書寫這經卷，用華香、瓔珞、燒香、末香、塗香、幡蓋、衣服，和各種的燈，如：酥燈、油燈、各種香油燈、瞻蔔油燈、須是那油燈、波羅羅油燈、婆利師迦油燈、那婆摩利油燈來供養，所得到的功德也是無量。

佛陀又說倘若有人聽聞〈藥王菩薩本事品〉，也可以得到無量無邊的功德，女人聽聞〈藥王菩薩本事品〉而能受持的，在極盡女身之後，就不再是女身了。

倘若在如來寂滅以後的五百年中，倘若有女人聽聞到這經典，如能演說修行，在這世生命終了時，就前往安住在安樂世界，在阿彌陀佛、大菩薩眾圍繞住所，生於蓮華中的寶座上，不再為貪欲所煩惱，也不再為瞋恚愚癡所煩惱，也不再為憍慢嫉妬等各種染垢所煩惱，證得菩薩神通無生法忍，得眼根清淨，而以這清淨的眼根，可以看見七百萬二千億那由他恆河沙等諸佛如來。在這時候，諸佛遙共讚歎，百千諸佛用神通力來共同守護他。

如果有人聽聞〈藥王菩薩本事品〉，能隨喜讚善的，這人在現世口中常出現青蓮華香，身上的毛孔中常出現牛頭栴檀的香味，所顯的功德，就像以上所說的一樣。

最後佛陀以〈藥王菩薩本事品〉囑累宿王華菩薩，在他滅度以後的後五百歲中，廣大宣說流布在閻浮提，不要使它斷絕，要以神通的威力來守護這經典。

這是修持〈藥王菩薩本事品〉的功德。

解讀〈妙音菩薩品〉

本品說明佛陀告訴華德菩薩，關於妙音菩薩過去供養雲雷音王佛的因果，和處處現身宣說《法華經》的過去身故事。

◆法華行人的典範

家喻戶曉的觀世音菩薩是變現三十三化身來度化眾生，而妙音菩薩在經中變現三十六身宣說《法華經》。妙音菩薩是真實的法華行人，是法華行人的示現，當我們在修習法華行持的時候，妙音菩薩是我們的典範。

經中記載釋迦牟尼佛的光明照遍東方百八萬億那由他恆河沙等諸佛世界，其中有一世界名為淨光莊嚴，這個世界的佛陀是淨華宿王智如來，其世界中有一位妙音菩薩。當釋尊的光明照到妙音菩薩時，他立刻想到娑婆世界禮拜親近釋尊。

這時，淨藥宿王智佛告訴妙音菩薩：「你不要輕視那個國家，或生起下劣的想法。因為那個娑婆世界高低不平，土石諸山都充滿了污穢罪惡；那裡的佛身卑小，菩薩眾的形體也很小。而你的身長四萬千由旬，我的身長有六百八十萬由旬，你的身體是第一端正，有百千萬福相，光明殊勝美妙。所以你到那裏，不要輕視那個國土，就如同你不應對那兒的佛菩薩及國土生起下劣想一般。」

妙音菩薩告訴佛陀說：「世尊啊，我現在前往娑婆世界，都是如來的力量，如來的神通遊戲，如來的功德智慧莊嚴。」

於是，妙音菩薩沒有從座位起來，身體不動搖而入於三昧，用三昧的力量，在靈鷲山距離法座不遠的地方，化作八萬四千眾寶蓮華，以閻浮檀金作為莖，白銀作為葉子，金剛作根鬚，赤色寶珠作為蓮華臺。

這時，文殊師利法王子看見這蓮華，就請問佛陀是什麼因緣出現這個瑞相？佛陀就說是妙音菩薩想從淨華宿王智佛國來娑婆世界，供養親近禮拜於他，也要供養聽聞《法華經》。文殊菩薩聽了就很想見妙音菩薩。

這時，釋迦牟尼佛告訴文殊師利：「這位久遠前已滅度的多寶如來，將為你們示現妙音菩薩的身相。」

多寶佛告訴妙音菩薩，文殊師利法王子想見他的身相。

這時，妙音菩薩從一切淨莊嚴國消失，與八萬四千菩薩共同前來娑婆世界。他們所經過的國土生起了六種震動，雨下七寶蓮華，百千天樂沒有演奏而自行發出聲音。

妙音菩薩的眼睛如同廣大的青蓮華葉，即使和合有千萬滿月，也比不上他的面貌端正。他的身體是真金色，無量百千功德莊嚴，威光熾盛，光明照耀，具足了所有的福德相，如同那羅延那麼堅固的身體。進入七寶臺，上昇於虛空，離開地面有七棵多羅樹那麼高，所有菩薩眾恭敬圍繞，來到娑婆世界的耆闍崛山。

華德菩薩請問佛陀，妙音菩薩種了什麼善根，修什麼功德，才能有這種神通力？

佛陀告訴華德菩薩：「過去有一位佛陀，名為雲雷音王多陀阿伽度、阿羅訶・三藐三佛陀。其國土名為現一切世間，劫名為：憙見劫。妙音菩薩於一萬二千年，用十萬種伎樂，供養雲雷音王佛，並奉上八萬四千個寶鉢，因為這個因緣果報，現在生於淨華宿王智佛國，具有這種神通力。

妙音菩薩已經供養親近過無量諸佛，恆久深殖德本，又得以值遇恆河少等百千萬億那由他佛陀。

而妙音菩薩以示現種種身，處處為所有眾生演說法華經典。他有時示現梵王身，有時示現帝釋身，或是示現自在天身，或示現大自在天身，或示現天大將軍身，或示現毘沙門天王身，或示現轉輪聖王身，或示現小王身，或示現長者身，或示現居士身、或示現宰官身、或示現婆羅門身，或示現比丘、比丘尼、優婆塞、優婆夷身、或示現長者、居士、婦女身、或示現宰官婦女身、或示現婆羅門婦女身，或示現童男、童女身，或示現天龍、夜叉、乾闥婆、阿修羅、迦樓羅、緊那羅、摩睺羅伽、人非人等身，而演說法華經。所有處在地獄道、餓鬼道、畜生道及所有難聞佛法之處的眾生，都能獲得救濟；甚至在大王的後宮，變化為女身而宣說此經。

妙音菩薩能救護娑婆世界所有眾生，在娑婆國土變化種種身，為所有眾生演說此經典。他運用各種智慧，明亮照耀娑婆世界，使一切眾生各得到他們所想知道的，在十方恆河沙世界中也是如此。

如果有應當以聲聞形貌得度的眾生，他就示現聲聞的形像為他們說法；應當以辟支佛形貌得度的眾生，他就示現辟支佛的形象為他們說法；應當以菩薩形貌得度的，他就示現菩薩的形像為他們說法；應當以佛的形貌得度的，他就示現佛的形象為他們說法。如此種種，隨順眾生所應被度脫的形貌，為他們以不同的形象示現，甚至應當以滅度而得度的，示現滅度。

華德菩薩又請問佛陀，這菩薩是安住在那一種三昧，能夠如此變化示現，度脫眾生。佛陀說妙音菩薩安住在現一切色身三昧中，能夠如此饒益無量的眾生。

佛陀演說〈妙音菩薩品〉的時候，與妙音菩薩一同前來者有八萬四千人，都得以示現一切色身三昧，娑波世界無量的菩薩也證得這個三昧及陀羅尼。

當妙音菩薩摩訶薩供養釋迦牟尼佛及多寶佛塔之後，就回去一切淨光莊嚴國。

〈觀世音菩薩普門品〉解讀

本品是佛陀為無盡意菩薩解說觀世音的名號因緣，稱名作用和三十三應身普門示現等功德。

◆聞聲救苦的大方便

由於觀音菩薩的信仰很強烈，所以有時〈普門品〉別列為《觀音經》。

經文有載明觀音菩薩聞聲救苦的廣大方便，並為了眾生應以何身得度即現何身，而為說法的千百億化身，而遊諸國土度脫眾生。尤其是眾生處於怖畏急難之中，菩薩更欲救脫之。

無盡意菩薩向佛陀請問觀世音菩薩是依什麼因緣而名為觀世音？佛陀說：這是因為如果有無量百千萬億的眾生，受著各種的苦惱，他們聽聞到觀世音菩薩的名號，而一心稱名憶念，觀世音菩薩會即時觀察他們的音聲緣起，而使他們都獲得解脫。

如果有眾生持念觀世音菩薩的名號，如果進入大火，大火不能焚燒；如果被大水所漂流，立即能得至於淺水處；如果有人面臨被殺害的因緣，這時要傷害他的刀杖，立即段段毀壞，使他得到解脫。

如果在三千大千國土之中，充滿了夜叉、羅剎，想要惱害罪人，這時聽聞其人稱念觀世音菩薩的名號，這些惡鬼尚且不能以惡眼來瞪視他，何況是加害呢！所以假設有人，不管有罪或無罪，當杻械枷鎖繫縛他的身體時，如果稱念觀世音菩薩名號，都會完全斷壞，立即獲得解脫。

「觀其音聲」，觀是一種智慧抉擇，提出絕對的仰信，只要遇到苦難時，稱觀世音菩薩的名號或憶念觀世音菩薩即能得到解脫，所以有其特別的功德。

經文中說菩薩有三十三種應化身，這些應身都是眾生應以何身得度者，菩薩即現何身而為說法，應以童男童女身得度者，即現童男童女身而為說法；應以佛身得度者，即現佛身而為說法。所以此時菩薩並不一定以菩薩的形象出現，他可能是婆羅門，可能是比丘、比丘尼，亦可以是帝釋身、大自在天身、夜叉身、阿修羅身，這種種身都是為了大悲教化眾生而隨順應現的，這樣一來菩薩的形象又更廣大不拘，自由自在了。

因此我們可以歸納出幾類經典中所說的觀音化身：

1. 聖者三位：佛身、辟支佛身、聲聞身。

2. 天界六種：大梵王身、帝釋身、自在天身（一般的天魔）、大自在天身（指濕婆神，是印度教三大神之一）、天大將軍身（如韋陀將軍）、毘沙門身（為佛教的護法，北方多聞天王）。

3. 道外五族：小王身、長者身、居士身、宰官身、婆羅門身。

4. 道內四眾：比丘身、比丘尼身、優婆塞身、優婆夷身。

5.婦童五級：長者婦女身、居士婦女身、宰官婦女身、婆羅門婦女身、童男身、童女身。

6.天龍八部：天身、龍身、夜叉身、乾闥婆身、阿修羅身、迦樓羅身、緊那羅身、摩睺羅迦身。

7.二王一神：執金剛身。

這些身形從佛位至外道眾生、天界到阿修羅等等，觀音為隨順眾生根機的千變萬化形就是如此這般。

本品展現菩薩化身的觀念，菩薩化身最有名的就是本品觀世音菩薩的三十三應身，其實八地以上的菩薩，都可以示現種種應身，也就是意生身，他證得的是如幻三昧。

如幻三昧是體悟諸法如幻，思惟一下：時間是法？空間是法？五大元素是法？答案是肯定的，一切諸法如幻，所以菩薩證入如幻三昧能於一切出入自在。

再以《心經》的「色即是空，空即是色」來說明，色即是空，再由空中顯起一切色。「般若將入畢竟空，絕諸戲論，菩薩將出畢竟空，嚴土熟生。」菩薩的般若智慧將入究竟空，斷絕了一切戲論；菩薩將出於畢竟空，則莊嚴佛土成熟眾生。菩薩的二個最重要的誓願即在此：一是莊嚴一切佛土，一是幫助眾生成佛。落實在生活上則有四弘誓願。

一位菩薩體悟畢竟空，遠離一切戲論，一切法界都是現空，他入於空而不住於空，從空中生起廣大作用度化眾生，所以證得如幻三昧而能莊嚴佛土，成熟眾生。

當證得如幻三昧時，如果悲心不足（所以我特別提出大悲如幻三昧），有時會墮入涅槃；大悲具足則現起後得三昧，而能生起意生身自在救度眾生。

意生身是隨應因緣而現身，沒有固定因緣，是相應眾生因緣來救度眾生，所以現種種身。在此有示現三十三身，這是佛教過去的分類方法，其實各種分類方法都可以，各種分類只是代表一切眾生。

如果有眾生耽溺於婬欲之中，常稱念並恭敬於觀世音菩薩，便能獲得離欲；如果是多於瞋恚，便能獲得離瞋；如果是多於愚癡，便能獲得遠離愚癡。

如果有女人，想要求生男子，如果禮拜供養觀世音菩薩，便能生出福德智慧的男子。要求生女子，便能生出端正有相的女兒，而且所生的子女都是宿世殖下功德之本，為眾人所愛敬。

如果有人受持觀世音菩薩的名號，乃至於一時之間禮拜供養，與前述供養念誦六十二憶恆河沙菩薩的功德，二人的福德是相等無異的，而這些功德，在百千萬劫當中是不可窮盡。

無盡意菩薩又請問佛陀，觀世音菩薩為何會遊歷至我們娑婆世界？為何要為眾生說法？他有哪些方便之力呢？

佛陀說因為觀世音菩薩的本願不可思議，也與我們娑婆世界有緣，所以，觀世音菩薩成就如此的功德，以種種的身形，遊化各個佛陀的國土，來度脫眾生，所以我們應當一心的供養觀世音菩薩。而觀世音菩薩更是在怖畏急難之中，能夠予眾生無畏的心念，所以在娑婆世界，我們都稱他為施無畏者。

無盡意菩薩心中十分的景仰，想要供養觀世音菩薩。他立即解下頸下各種寶珠所串成的瓔珞，價值有白千兩黃金，供養觀世音菩薩。

觀世音菩薩本來不肯接受這大供養，由於憐愍所有佛陀的四眾弟子及於天、龍八部等鬼神眾、人與非人等，而接受無盡意菩薩的瓔珞，並將這瓔珞分作二分，一分供奉給釋迦牟尼佛，另外一分則供奉多寶佛塔。

無盡意菩薩又深切的向佛陀請問，觀世音菩薩為何名為觀世音呢？

佛陀說由於觀音的妙行，他能善巧的相應法界的各處方所，弘誓深如大海，所經歷的時劫更是不可思議，承侍千億位的佛陀，發起廣大清淨的誓願。只要聽聞觀音的名號及見到觀世音菩薩的身相，心中憶念而不空過者，就能滅除一切存有生命的痛苦。

◆觀世音菩薩如何成為法華菩薩

《法華經》的信仰者所展現的菩薩性格是如何？一位具足法華三昧的觀世音菩薩，他如何展現此法門，他以很濃厚的大悲傾向來展現。

看了此品的人，通常可分為二類，一是祈請觀音幫忙的眾生，第二類是心嚮往之，探索如何具足觀世音菩薩的大悲威力。到底有何心行可發起如此大的願力？

或許現在我們無法成為百分之百的觀世音菩薩，但是我們可以學習成為百分之一、或千分之一、或萬分之一的觀世音菩薩。

世尊妙相具，我今重問彼；佛子何因緣，名為觀世音？
具足妙相尊，偈答無盡意；汝聽觀音行，善應諸方所，
弘誓深如海，歷劫不思議，侍多千億佛，發大清淨願。
我為汝略說，聞名及見身，心念不空過，能滅諸有苦。
假使興害意，推落大火坑，念彼觀音力，火坑變成池。
或漂流巨海，龍魚諸鬼難，念彼觀音力，波浪不能沒。
或在須彌峯，為人所推墮，念彼觀音力，如日虛空住。
或被惡人逐，墮落金剛山，念彼觀音力，不能損一毛。
或值怨賊繞，各執刀加害，念彼觀音力，咸即起慈心。
或遭王難苦，臨刑欲壽終，念彼觀音力，刀尋段段壞。
或囚禁枷鎖，手足被杻械，念彼觀音力，釋然得解脫。
咒詛諸毒藥，所欲害身者，念彼觀音力，還著於本人。
或遇惡羅剎，毒龍諸鬼等，念彼觀音力，時悉不敢害。
若惡獸圍遶，利牙爪可怖，念彼觀音力，疾走無邊方。

蚖蛇及蝮蠍，氣毒煙火燃，念彼觀音力，尋聲自迴去。
雲雷鼓掣電，降雹澍大雨，念彼觀音力，應時得消散。
眾生被困厄，無量苦逼身，觀音妙智力，能救世間苦。
具足神通力，廣修智方便，十方諸國土，無剎不現身。
種種諸惡趣，地獄鬼畜生，生老病死苦，以漸悉令滅。
真觀清淨觀，廣大智慧觀，悲觀及慈觀，常願常瞻仰。
無垢清淨光，慧日破諸闇，能伏災風火，普明照世間。
悲體戒雷震，慈意妙大雲，澍甘露法雨，滅除煩惱焰。
諍訟經官處，怖畏軍陣中，念彼觀音力，眾怨悉退散。
妙音觀世音，梵音海潮音，勝彼世間音，是故須常念。
念念勿生疑，觀世音淨聖，於苦惱死厄，能為作依怙。
具一切功德，慈眼視眾生，福聚海無量，是故應頂禮。

爾時持地菩薩即從座起，前白佛言：「世尊！若有眾生聞是觀世音菩薩品自在之業，普門示現神通力者，當知是人功德不少。」

佛說是普門品時，眾中八萬四千眾生皆發無等等阿耨多羅三藐三菩提心。

這偈頌很有名，很多人每天都課誦。我們從偈頌體會觀世音如何成法華菩薩。「念彼觀音力」：妙智之力方便智慧力，是以悲體為中心，廣大的誓言，他對我們如何觀察呢？真觀清淨觀、廣大智慧觀，悲觀及慈觀，所以我們要常願常瞻仰，當我們思惟憶念觀世音菩薩是他的觀音連結在一起，如此才能連線。這是展現普門功德、法華功德。

「佛說是普門品時，眾中八萬四千眾生皆發無等等阿耨多羅三藐三菩提心。」這句話是如何隨學觀世音薩具足觀音力的核心，佛陀以方便法導引眾生，從信生、發起隨學的菩提心，再發起大願，這是信願行，以悲體為中心。

到底觀世音菩薩有多厲害？他的信願如何？為什麼他會如此呢？觀世音菩薩並不是神，他不需要我們信仰他；他不會因為我們的信仰增加或減少，而改變什麼，他也不只救度我們而已，他是聞聲救苦。我們到底有何苦難需要觀世音菩薩救度呢？是世間的苦難？還是身心的苦難？或是煩惱痛苦？所以無上正等正覺的菩提心才是教法的核心，如此體會，對〈普門品〉產生深信，而不只是表相的信仰。

〈陀羅尼品〉、〈妙莊嚴王本事品〉解讀

〈陀羅尼品〉說明藥王、勇施菩薩等各自宣說咒語護持法華行者。〈妙莊嚴王本事品〉敘述佛陀宣說莊嚴王於往昔被他兩個孩子教化的故事。

◆ 宣說咒語護持

〈陀羅尼品〉代表的是護持經典。有很多護法菩薩、天人、羅剎紛紛說陀羅尼咒來護持法華行者。計有藥王菩薩、勇施菩薩、毗沙門天王、持國天王、鬼子母

神、十羅剎女等都擁護法華的受持者，所以法華行人跟這些護法有甚深的因緣。

陀羅尼：又譯為總持，或能遮，而轉成真言、密咒的意思。

藥王菩薩以此咒守護說法者：

安爾一　曼爾二　摩禰三　摩摩禰四　旨隸五　遮梨第六　賒咩羊鳴音七　賒履冈雉反　多瑋八　羶輸千反帝九　目帝十　目多履十一　娑履十二　阿瑋娑履十三　桑履十四　娑履十五　叉裔十六　阿叉裔十七　阿耆膩十八　羶帝十九　賒履二十　陀羅尼二十一　阿盧伽婆娑蘇奈反簸蔗毘叉膩二十二　禰毘剃二十三　阿便哆都餓反邏禰履剃二十四　阿亶哆波隸輸地途賣反二十五　漚究隸二十六　牟究隸二十七　阿羅隸二十八　波羅隸二十九　首迦差初几反三十　阿三磨三履三十一　佛馱毘吉利袠帝三十二　達磨波利差猜離反帝三十三　僧伽涅瞿沙禰三十四　婆舍婆舍輸地三十五　曼哆邏三十六　曼哆邏叉夜多三十七　郵樓哆三十八　郵樓哆憍舍略來加反三十九　惡叉邏四十　惡叉冶多冶四十一　阿婆盧四十二　阿摩若荏蔗反那多夜四十三

勇施菩薩亦為擁護讀誦受持《法華經》者，說陀羅尼。假若法師得到這陀羅尼，假若有夜叉、羅剎、富單那、吉遮、鳩槃茶、餓鬼等，尋伺求得其短之處，無法能夠得便。

此咒為：

痤（誓螺反）隷一　摩訶痤隷二　郁枳三　目枳四　阿隷五　阿羅婆第六　涅隷第七　涅隷多婆第八　伊緻（猪履反）　柅（女氏反）九　韋緻柅十　旨緻柅十一　涅隷墀柅十二　涅犁墀婆底十三

毘沙門天王護世者以此陀羅尼擁護法師，擁護持這部經典者，令百由旬內無諸衰患。

阿梨一　那梨二　㝹那梨三　阿那盧四　那履五　拘那履六

持國天王與千萬億那由他乾闥婆眾，以陀羅尼神咒擁護持《法華經》者，此咒為：

阿伽禰一　伽禰二　瞿利三　乾陀利四　旃陀利五　摩蹬耆六　常求利七　浮樓莎柅八　頞底九

有羅剎女等，一名藍婆，二名毘藍婆，三名曲齒，四名華齒，五名黑齒，六名多髮，七名無厭足，八名持瓔珞，九名睪帝，十名奪一切眾生精氣。這十羅剎女與鬼子母並其子及眷屬，也想擁護讀誦受持法華經者，除去他們的衰患。假若有伺求法師短者，令不得乘其便。擁護受持、讀誦、修行是經者，令得安穩，遠離一切衰患，消除一切毒藥。

此咒為：

伊提履一　伊提泯二　伊提履三　阿提履四　伊提履五　泥履六　泥履七　泥履八

泥履九　泥履十　樓醯十一　樓醯十二　樓醯十三　樓醯十四　多醯十五　多醯十六　多醯十七　兜醯十八

菟醯十九

當佛陀宣說〈陀羅尼品〉時，六萬八千人獲得無生法忍的境界。

◆妙莊嚴王的因緣

〈妙莊嚴王品〉則是讓我們再回歸了悟《法華經》甚深難得的因緣。這是佛陀宣說妙莊嚴王，往昔為其二子所教化的本生故事。

妙莊嚴王最初信奉婆羅門教，而他的夫人淨德及兩位王子淨藏、淨眼久修菩薩行。為了拔除妙莊嚴王的邪見，二位王子在母親的支持下，運用了種種方便巧智，表演了種種神通變化，使妙莊嚴王悔悟，與夫人、王子、群臣、宮女等人一起，前往雲雷音宿王華智佛處所聆聽《法華經》。

後來國王把國家交付給其弟，與夫人、二子及眷屬一起出家，於八萬四千歲常精進，修行《法華經》。

妙莊嚴王就是華德菩薩的過去生，他的夫人就是現在的光照莊嚴相菩薩，而兩位王子分別是現在的藥王菩薩和藥上菩薩。

〈普賢菩薩勸發品〉解讀

《法華經》最後一品〈普賢菩薩勸發品〉是做為全經的總結。普賢菩薩請問佛陀，如來滅後如何能得《法華經》，佛陀說成就四法，當得法華。普賢菩薩是一切菩薩行的表徵，也是法華行的一個總結代表，他也會在我們修持《法華經》的時候示現，來證明我們在《法華經》中所得的利益。

成就法華經的四法

佛告普賢菩薩：若善男子、善女人，成就四法，於如來滅後，當得是法華經，一者，為諸佛護念；二者，殖眾德本；三者，入正定聚；四者，發救一切眾生之心。

成就四法是：了悟諸法空性為諸佛所護念、種植一切德本、入於佛陀之道的正定聚、發起救度一切眾生的無上菩提心。

如果大家不斷施行這四法，在佛陀滅度後必得《法華》經。而普賢菩薩可算是《法華經》的一個總護持者，是法華行者最重要的守護者與指導者，他代表佛陀來執行這一切。

普賢菩薩的守護

爾時普賢菩薩白佛言：「世尊！於後五百歲濁惡世中，其有受持是經典者，我當守護，除其衰患令得安隱，使無伺求得其便者。若魔、若魔子、若魔女、若魔民、若為魔所著者，若夜叉、若羅剎、若鳩槃荼、若毘舍闍、若吉遮、若富單那、若韋陀羅等諸惱人者，皆不得便。是人若行若立讀誦此經，我爾時乘六牙白象王與大菩薩眾俱詣其所而自現身，供養守護守慰其心，亦為供養法華經故。是人若坐思惟此經，爾時我復乘白象王現其人前，其人若於法華經有所忘失一句一偈，我當教之，與共讀誦還令通利。爾時受持讀誦法華經者，得見我身甚大歡喜，轉復精進。以見我故，

普賢菩薩騎著六牙白象守護行者

即得三昧及陀羅尼，名為旋陀羅尼、百千萬億旋陀羅尼、法音方便陀羅尼，得如是等陀羅尼。

修學者不管是在行走或站立著讀誦《法華經》，普賢菩薩都會乘著六牙白象，與大菩薩眾一起到他的處所而自行現身，供養守護，安慰他的心，也是為了供養《法華經》的緣故。

修學者如果坐著思惟此經，普賢菩薩就再乘著白象王示現在其人面前，其人如果對於《法華經》有所忘失一句一偈，菩薩就教他，與他一起讀誦使其通順便利。受持讀誦法華經的人，得以見到普賢身，起甚大歡喜，又轉為精進。因為見到普賢菩薩的緣故，就得三昧及旋陀羅尼、百千萬億旋陀羅尼、法音方便陀羅尼等。

法華行的匯歸

世尊！若後後五百歲濁惡世中，比丘、比丘尼、優婆塞、優婆夷，求索者、受持者、讀誦者、書寫者，欲修習是法華經，於三七日中應一心精進，滿三七日已，我當乘六牙白象，與無量菩薩而自圍繞，以一切眾生所憙見身，現其人前，而為說法示教利喜。亦復與其陀羅尼咒，得是陀羅尼故，無有非人能破壞者，亦不為女人之所惑亂，我身亦自常護是人。唯願世尊聽我說此陀羅尼咒。

如果我們修學《法華經》，能在三七日中一心精進，「三七日」是指三個七天，也就是二十一天一心修習《法華經》，普賢菩薩會乘著六牙白象，與無量菩薩而自圍繞，形成守護聯盟，到修法者面前說法。為何普賢菩薩特別乘著六牙白象，因為六牙白象代表實踐六波羅密為核心的普賢行，以普賢道圓滿《法華經》、法華行。

世尊，若有菩薩得聞是陀羅尼者，當知普賢神通之力。若法華經行閻浮提有受持者，應作此念：「皆是普賢威神之力。」若有受持、讀誦、正憶念，解其義趣、如說修行，當知是人行普賢行，於無量無邊諸佛所深種善根，為諸如來手摩其頭。

所以普賢行也代表法華行，也代表一切菩薩行。

普賢菩薩也說：

世尊，我今以神通力故，守護是經，於如來滅後，閻浮提內，廣令流布，使不斷絕。

釋迦牟尼佛就讚歎說：

善哉！善哉！普賢，汝能護助是經，令多所眾生安樂利益，汝已成就不可思議功德，深大慈悲，從久遠來發阿耨多羅三藐三菩提意，而能作是神通之願，守護是經，我當以神通力，守護能受持普賢菩薩名者。

一切法華行到最後匯歸到普賢行，普賢行又受到釋迦牟尼佛的印證與守護。所以到最後：

說是〈普賢勸發品〉時，恒河沙等無量無邊菩薩，得百千萬億旋陀羅尼；三千大千世界微塵等諸菩薩，具普賢道。

旋陀羅尼是什麼？旋是旋轉無礙。智者大師就證得旋陀羅尼，所以能說法無礙。因此得旋陀羅尼就是總持無礙的三昧境界，能運用各種善巧方便，掌握一切法、演說一切法，亦能總持之，而收放無礙。

以普賢行為法華行的匯歸，在此我們合掌一心稱念：

南無普賢菩薩摩訶薩

南無普賢菩薩摩訶薩

南無普賢菩薩摩訶薩
南無觀世音菩薩摩訶薩
南無觀世音菩薩摩訶薩
南無觀世音菩薩摩訶薩

第3章

法華經的日修法

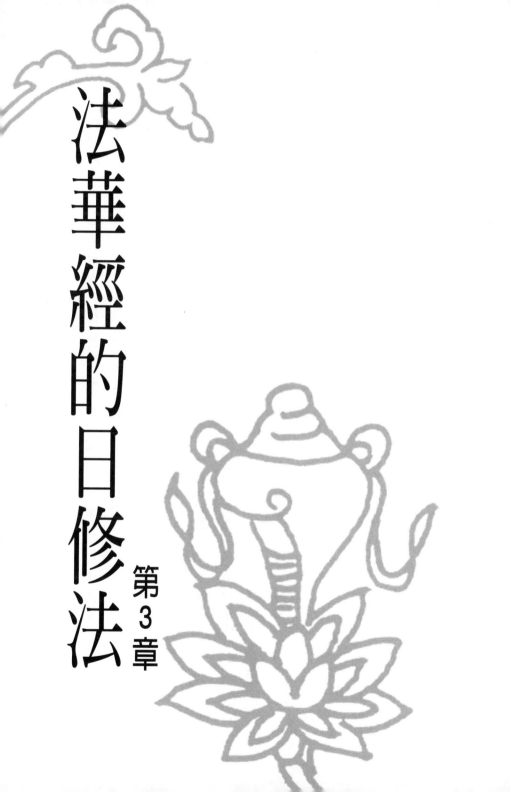

修習《法華經》的行人，在日常生活中應當依止《法華經》，生活要以《法華經》的見地、修習、行持、果地為中心，不斷地了悟經中的心要，務必使自身融入經典當中。

讓我們生活的這個世界，成為《法華經》的實踐道場，我們自己就在這個世界當中，一切所緣對境，都能與《法華經》相應。以《法華經》的正見為見地，以《法華經》的修持為修持，以《法華經》的勝行為己行，圓滿證悟成就法華果地。

選擇一天當中最適宜的時間，每天固定修持、讀誦或抄寫《法華經》，或選擇經文中一品專修，讓自己在日常生活中的所做所行，都能與法相應，或依「法華經修持法軌」來修持。

法華經修持法軌

一、皈命

南無久遠實成本師釋迦牟尼佛
南無唯一佛乘法華經
南無從地踊出賢聖暨現成全佛眾（三稱、三頂禮）

二、祈請

一稱南無佛　如實順法性
皆共成佛道　諦信全本生
妙法蓮華經　甚深一佛乘
開示悟佛見　入佛心佛入
平等法性珠　相照映攝圓
如法界自住　法位常世間
久遠實成佛　善名釋迦文
忽然了佛性　不離現空生
現空一心如　如心全現空
秘密全授記　現前全佛成

三、發心

1. 四弘誓願

眾生無邊誓願度　煩惱無盡誓願斷
法門無量誓願學　佛道無上誓願成

2. 皈依發心

佛、法及僧諸聖眾　直至菩提永皈依
清淨施等我誓作　為利有情成佛道

3. 四無量心

願諸眾生具足樂與樂因　願諸眾生脫離苦及苦因
願諸眾生常住無苦安樂　願諸眾生捨分別證平等

4.修法發心

願見法華一乘心　願修法華一乘法
願行法華一乘道　願證一乘果地圓

四、懺悔

往昔所造諸惡業　皆由無始貪瞋痴
從身語意之所生　一切我今皆懺悔
往昔所造諸惡業　皆由無始貪瞋痴
從身語意之所生　文佛現前賜清淨
往昔所造諸惡業　皆由無始貪瞋痴
從身語意之所生　六根清淨念實相

◆五、供養

供養常住佛法僧　現前文佛勝三寶
能供所供本無生　無滅福慧願如尊

花、香、水、燈、果及無量珍寶，隨意演現供養空中常住及《法華經》法三寶。

◆六、誦經

如力誦持《法華經》。

行者可依自身時間因緣如力誦經，可具足誦完一經或少分，如經中的〈方便品〉、〈法師品〉、〈見寶塔品〉、〈常不輕菩薩品〉等。平常當常誦持本經，若時間不足，在修法時但稱念：

南無妙法蓮華經（七稱或二十一稱）

七、普賢十大願王三昧明穗（亦名隨集功德輪）

法界體空全禮佛　讚嘆文佛不思議
身口意淨勤供養　懺悔業障住實相
功德廣大勝隨喜　祈請法輪如法位
文佛住世無量壽　願隨佛學無生滅
眾生隨順咸成佛　普皆迴向法住德

八、觀空並安住如幻三昧

觀空頓如幻　廣大悲心住
善巧樂修習　為眾願如尊

現觀法界頓空，以大悲故，以體性清淨如如故，生起如幻三昧，善巧修學本經妙法，圓滿本經妙果。

九、正行現修

1.見

隨自己之修力升起本經之正見，現觀自身及法界頓空如幻，心具大智並現空悲，慈視一切眾生，憶念思惟如下的本經正見頌，並安住頌中正見。

純圓妙見法性華　佛所護念一乘心
開權顯實三歸一　一圓之乘全體佛
久遠實成法華佛　一音方便心中髓
大事因緣佛出世　開示悟入佛知見
無量又如一乘法　正直但說無上道
第一希有難解法　唯佛與佛乃究盡
諸法實相如是相　性體力作因緣果
本末究竟如是報　知法如實常無性

佛種緣起說一乘　法住法位南無佛
世間相住常寂光　現前皆共成佛道

2.修

隨力正觀自己之身、語、意，並使自身三業隨順於文佛世尊，正念思惟，現觀如下的本經之修法頌。在本經與文佛世尊的加持下，頓然成就如文佛世尊。並修習一切世尊勝法。

以果顯因實相佛　以因應果如如佛
開見示修悟妙行　現入佛圓果一乘
六根妙修融淨性　增長功德如實生
法華第一廣修習　安樂隨喜佛授記

3.行

在文佛世尊的加持下，現生如釋迦世尊，並正念觀行本經之正行頌，成為釋迦世尊的化身，在世間中依止於本經的勝行，實踐世尊的大悲事業。

如來所遣如來使　妙法華行如來事
如實勝行行如來　身口意願安樂行
大慈悲心如來室　樂和忍辱如來衣
一切法空如來座　妙弘法華如如來
久遠佛成勤教化　從地踊出大菩薩
妙行護證法華經　能於佛發隨喜心
如實信解常無位　法住法位善妙行
世間常住常不輕　真實教化了佛因
如來眾生大施主　如佛所敷具奉行
能具法華微妙行　如實諸佛所護念
植諸德本入正定　發心廣度一切眾
法界全現普賢行　究竟護持法華經

4.果

如水注水，如空證空，法界體性現前一如，文佛世尊遍入自己的身、語、意使自身三業完全清淨，自己的意、語、意亦完全銷融於文佛世尊，平等平等，無二無二，自成文佛本尊，並圓滿安住於本師世尊的果地，並現如本師釋迦牟尼佛一般教化眾生。

現觀本經果地頌：

證前起後多寶塔　前佛後佛一體如
如來秘密神通力　久遠如實恒現佛
佛壽久如身常住　雖不實滅現滅度
法界體性幻緣起　令諸眾生速成佛
慈悲廣大力救濟　隨喜如生會佛心
如來秘要自在力　畢竟一乘佛授記
如是體性佛如是　現前如是我如是

一念稱佛佛稱念　決定現生如佛證
大事因緣現於世　開示悟入證佛知
如是法住法位佛　世間常住全佛成
常寂無性如釋迦　現前能仁眾生安
南無釋迦牟尼佛　南無妙法蓮華經
念念念佛念實相　法華性海全佛光
成佛法華如是現　法爾如實眾作佛

◆十、結歸、迴向

懺除一切諸修誤　前憶本誓自在足
金剛隨念顯莊嚴　法界體證一心成
修法諸功德　迴向於一切
同證體性佛　因果同無生

法華經的感應故事

古來很多大德修持《法華經》都有相當多的感應與修持靈驗事蹟，以下摘錄一些大德的故事，與讀者一同分享《法華經》的生活經驗。

◆神請誦法華經

曇邃法師，出家後住於白馬寺中，蔬食布衣，每天以誦《法華經》一部為常課。

有一天晚上，法師已經入睡了，忽然聽到有人叩門，並說要請他去講經。邃師本來不答應，那人再三的請求，邃師方才允許他的請求，但他仍然是睡在床上。不一會，曇法邃師好像不由自己的到了白馬塢的神祠中，另外還有一位弟子隨往。從此，日日密往，沒有人知道。

後來，有寺僧從神祠前經過，看見裏面有兩個高座，曇邃法師在上，弟子在下，聽到他們講經之聲，並聞到奇異的香氣。於是道俗共傳。

從冬天至夏天，講完《法華經》，神還施供他白馬一匹、白羊五頭、絹九十匹等等。

◆誦法華經脫苦免難

大光法師湖洲（今浙江吳興）人，他的母親懷孕後便不吃葷腥，嬰兒生下來即會說話，三歲時就知道學佛，年紀稍長，就誦念《法華經》，三月後貫通經旨。

大光法師少年出家，遊歷京師時曾朝見唐肅宗皇帝，皇帝一見之下，忽然憶起以前曾作一個夢：夢中所見遨遊天下名山。後來，又住於藍田精舍，在未到寺之前，寺僧夜夢天童來告知：「大光法師的誦經聲，通於有頂之天。」

有一次，大光法師入山探幽，不小心跌落深谷之中，谷內泉水很深，大光法師以為沒有命了，但是心裏仍然憶念著《法華經》中的〈多寶塔品〉，不久，恍然奮身脫水出谷，似有神人捧接一般。

後來詔任資聖寺，此寺乃長孫無忌於龍朔二年，為文德皇后薦福所建造。長安七年時遭火焚燒蕩盡，灰燼中得數部佛經安然無損，奏聞皇上再重造此寺。

李紳（相國）未滿一歲時，患病甚為嚴重，七日不食乳也不啼哭。李父為烏程宰，請大光法師來探視，大光法師教他洗身焚香，讀誦〈分別功德品〉，以杯水和乳哺之，疾病立刻痊癒。

以法華經的功德救助墮落的僧人

慧果法師，住京師瓦官寺，每日誦讀《法華經》、《十地經》等為常課。

有一次，他在浴廁上看見一鬼，形狀非常淒涼，他向慧果法師說：

「我以前也是僧人，因為當維那不如法，死後墮於噉糞鬼中，法師德高道隆慈悲為意，祈求救助以拔濟之力。」

慧果法師說：「我如何才能救你呢？」

鬼說：「以前我有錢三千，現在仍然埋在柿樹根下，請法師為我作些功德。」

慧果法師叫人到柿樹下去挖掘，果然挖出三千錢來，為他造《法華經》一部，並設置齋宴供養大眾。

不久，又見此鬼來道謝說：「已經獲得改生於善處，感謝師救拔之力。」

造百部法華經往生安養世界

慧進法師，吳興人，少年時任性遊俠，到了四十歲，忽然覺悟人生苦空，離俗出家。

慧進法師出家後，發誓誦讀《法華經》，可是，每執卷誦讀時便生起病來，真是用心勞苦，他自知業障太深，便發願造《法華經》一百部，以懺悔業障。慧進法師共積了一千六百個錢，正準備造經，卻忽然來了一個賊向他索錢：「和尚！你的錢放在那裏？」

慧進大師說：「我什麼也沒有，只有造經的錢一千六百文在佛前。」群賊聞聽想去拿取，但是看看佛殿，卻裹足不前，竟然紅著臉走了！

慧進大師造滿百部經以後，病也好了。誦《法華經》一部迴向福業，祈願往生安養世界。

臨終之前，聽聞空中有聲音說：「你的願已滿足，必定往生西方。」

◆誦普門品免於火災

竺長舒，西域人，晉惠帝元康年間，遷移來中國，住在洛陽城。他奉法虔誠，經常誦念〈觀音菩薩普門品〉。

有一天，鄰家失火，竺長舒家也是草房子，正在下風頭，眼看著火勢逼近，搶救東西已經來不及了，只有帶著家人遠避，自己仍在心裏誦念著《觀音經》。火勢燒到鄰家之屋風向突然轉，一籬之隔，絲毫未遭波及。當時目覩的人，都深感驚奇。

有幾個輕佻少年，不相信是竺長舒念經的功力。等待天晴乾燥的日子，晚上要試驗一下。他們輕笑著說：「如果用火燒不燃，那才真的有神。」

屆時，他們用束點火向竺長舒的房子拋，但三擲三滅，草房竟燃燒不著，他們大為驚懼。隔天，相率前來竺長舒家懺悔，說明昨晚的事情，並問清楚究竟是何靈異。

竺長舒說：「我沒有什麼神異，只是時常持誦《觀音經》而已。信佛者善神護持，你們不可造次，但能洗心生信，自然會有感應。」

自此，鄰里鄉民都敬信三寶。

誦法華經感得枷鎖自落

有董雄居士者，河東人，貞觀年間為大理丞，幼小即虔信佛教，素食也有十多年。

貞觀十四年，因坐李仙童之亂，囚禁了數十人。董雄與李敬立、王忻同被連坐，囚禁在一室。

董雄坐牢如同閉關一般，一心誦念〈普門品〉，每天能誦持三千遍。

一日，夜晚坐誦經時，門鎖忽然自己脫落。董雄驚訝地告訴李、王二人，起來看時，見門已開，守衛者以為他們企圖越獄，但檢起鎖來看時鎖完好無損，並沒有開啟，甚為奇怪。又重新鎖上，再貼上封條而離去。董雄依舊誦念〈普門品〉。五更左右鎖又脫落，落地有聲。守衛告知監察御史張守一來看，見封條如故，而鎖又自動落下，御史飭命再鎖上。

李敬立是素不信佛的人，他的妻子每每誦經時，他常常輕慢地說：「何為胡神所媚而讀此書耶？」今見董雄誦普門品有如此感應，深深懺悔過去未生起敬心。王忻也開始誦持八菩薩的名號，念滿了三萬遍後，白天也看見鐵鎖自落。此事傳聞出去，遠近都知曉，不久，他們都被釋放。

全佛文化藝術經典系列

大寶伏藏【灌頂法像全集】

蓮師親傳•法藏瑰寶，世界文化寶藏•首度發行！
德格印經院珍藏經版•限量典藏！

本套《大寶伏藏—灌頂法像全集》經由德格印經院的正式授權全球首度公開發行。而《大寶伏藏—灌頂法像全集》之圖版，取自德格印經院珍藏的木雕版所印製。此刻版是由西藏知名的奇畫師—通拉澤旺大師所指導繪製的，不但雕工精緻細膩，法像莊嚴有力，更包含伏藏教法本自具有的傳承深意。

《大寶伏藏—灌頂法像全集》共計一百冊，採用高級義大利進美術紙印製，手工經摺本、精緻裝幀，全套內含：

•三千多幅灌頂法照圖像內容　•各部灌頂系列法照中文譯名

附贈　•精緻手工打造之典藏匣函。

•編碼的「典藏證書」一份與精裝「別冊」一本。

（別冊內容：介紹大寶伏藏的歷史源流、德格印經院歷史、《大寶伏藏—灌頂法像全集》簡介及其目錄。）

全佛文化有聲書系列

經典修鍊的12堂課(全套12輯)

地球禪者 洪啟嵩老師 主講　　全套定價NT$3,700

〈 經典修鍊的十二堂課—觀自在人生的十二把金鑰 〉有聲書由地球禪者洪啟嵩老師，親自講授《心經》、《圓覺經》、《維摩詰經》、《觀無量壽經》、《藥師經》、《金剛經》、《楞嚴經》、《法華經》、《華嚴經》、《大日經》、《地藏經》、《六祖壇經》等十二部佛法心要經典，在智慧妙語提綱挈領中，接引讀者進入般若經典的殿堂，深入經典密意，開啟圓滿自在的人生。

01. 心經的修鍊	2CD/NT$250	07. 楞嚴經的修鍊	3CD/NT$350
02. 圓覺經的修鍊	3CD/NT$350	08. 法華經的修鍊	2CD/NT$250
03. 維摩詰經的修鍊	3CD/NT$350	09. 華嚴經的修鍊	2CD/NT$250
04. 觀無量壽經的修鍊	2CD/NT$250	10. 大日經的修鍊	3CD/NT$350
05. 藥師經的修鍊	2CD/NT$250	11. 地藏經的修鍊	3CD/NT$350
06. 金剛經的修鍊	3CD/NT$350	12. 六祖壇經的修鍊	3CD/NT$350

佛經修持法9

《如何修持法華經》

作　　者　洪啟嵩
執行編輯　吳霈媜
封面設計　張育甄
出　　版　全佛文化事業有限公司
訂購專線：(02)2913-2199
傳真專線：(02)2913-3693
發行專線：(02)2219-0898
匯款帳號：3199717004240 合作金庫銀行大坪林分行
戶　　名：全佛文化事業有限公司
E-mail:buddhall@ms7.hinet.net
http://www.buddhall.com
門　　市　新北市新店區民權路108之3號10樓
門市專線：(02)2219-8189
行銷代理　紅螞蟻圖書有限公司
台北市內湖區舊宗路二段121巷19號（紅螞蟻資訊大樓）
電話：(02)2795-3656　傳真：(02)2795-4100

初　　版　二〇〇六年一月
初版三刷　二〇二一年二月
定　　價　新台幣二二〇元
ISBN 978-957-2031-91-9（平裝）

國家圖書館出版品預行編目資料

如何修持法華經 / 洪啟嵩著. -- 初版. --
臺北市：全佛文化, 2006[民95]
面；　公分. -- (佛經修持法；9)

ISBN 978-957-2031-91-9(平裝)

1.佛教-修持　2.法華部

225.7　　95000018

Buddhall

Published by BuddhAll Cultural Enterprise Co.,Ltd.

BuddhAll

BuddhAll.

All is Buddha.

BuddhAll